マイレージの超達人

【JAL編】

2025-26年版

櫻井雅英
Masahide Sakurai

Start Now

■はじめに■

長い間猛威を振るった新型コロナウイルスの感染拡大が下火となり、航空業界も活気を取り戻しつつあります。日本でも国内線の業績がコロナ以前の水準まで立ち直ってきていますが、日本人の国際線利用は、長引く円安基調や業務渡航の減少などもあり、国内線ほど回復していないようです。さらに欧州路線のロシア上空通過問題、中国路線の不振等は国際線の業績回復に大きな影を残しています。また残念なことに、報道では日本発着の国際線路線拡大が航空会社の要望にもかかわらず、航空燃料問題や空港保安職員不足などで、実現が遅れているとされています。それに対し2024年度は、日本への海外からの観光客数はコロナ以前の水準を突破し過去最高となりました。

こうした経営環境のもと、日本航空は順調に業績回復しており、以前にもましてマイレージ（JMB：JAL マイレージバンク）関連のサービス内容や機材や施設を充実させています。特筆すべき点では2024年から新たにスタートした「JAL Life Status プログラム」の存在です。2025年からは国内線の搭乗実績が50回で獲得可能な「JMB elite」に達した会員はJALマイルの有効期限が5年間（60か月）に、また「JGC Four Star」の会員は無期限に延長されることになり、交換マイル数が大きな国際線や家族揃っての特典航空券利用がしやすくなりました。

「マイレージの超達人（JAL編）」の発行を開始してから今年で20年となります。その間に様々な変化がありましたが、マイレージ（JMB）の攻略方法の基本は変わりません。その原則は日常生活での支出でマメにマイルをため、計画的に交換特典（特典航空券）を使う。そうしたことで「夢のある旅行」を実現する。できれば、そのメリットを家族で共有する。この一連の行動は、日常の情報収集によってさらに効率があがり、実現をより確かなものにできます。本書はそのガイドブックです。私自身もＪＭＢを使っていて、ネット上に開示されている情報だけではわかりづらい項目があると同時に、種々の例外規定を見落としてしまい、本来の目的を達成できない色々な失敗を経験しました。そのことからＪＭＢを利用しようとする多くの方に、私と同じような失敗をしないで済むように本書を企画しました。幸い初回発行時から大変好評をいただき、ＪＭＢ攻略本として定番として永きにわたり多くの読者を獲得できています。そこで今回の改訂版の執筆にあたっては、複雑になってきた各種規約の項目を再編成すると同時に、２色刷りにしてより理解しやすいように改良しました。また実際のＪＡＬ便およびＪＭＢ提携航空会社の搭乗に際し、その実績情報を記録しやすい「ＭＩＬＥＡＧＥ ＬＯＧＢＯＯＫ®」を初版分の特別付録として巻末に添付させていただきました。どうか本書を参考にＪＭＢを活用してぜひ夢のある旅に出かけてみて下さい。

２０２５年３月

櫻井　雅英

＊本書は２０２５年２月末日現在公開されている一般情報に基づいています。

目　次

PART Ⅲ　JALマイルをためる

PART Ⅳ　JALマイレージバンクを使いこなす

PART I JALマイレージバンクを知る

JALマイレージバンク（JMB）を利用する前に、がむしゃらにマイルをため始めるのではなく、まずはその概要を知ることから始めましょう。JMBは、2024年から新しいプログラム「JAL Life Status プログラム」を本格的にスタートさせ、大きく変化しています。さらに交換特典や提携企業の改廃など、JALマイレージバンクの制度や条件の変化が従来よりも頻繁になされるようになりました。その結果、サービス体系がより複雑になって、JMBの仕組みはまるで情報のジャングルです。自分が知りたい情報を探すのは、慣れないと骨が折れます。そこで本章ではJMB利用に際し、あらかじめ知っておくべき情報をコンパクトにまとめてみました。

JALマイレージバンクの（JMB）特長

数あるマイレージから、実際に利用するものを選ぶとなると様々な比較検討事項があり迷うと思います。その中でもJALマイレージバンク（JMB）を選ぶには後述のような多様な特長があるからです。特に日本在住者であれば、特定の海外路線を頻繁に利用するなど特段の理由がある方は別として、日本が拠点の航空会社のマイレージは、生活の基盤となる日本国内における提携サービスが格段に充実しています。さらに入会費や年会費なども基本的にかかりませんが、原則ためたマイルには有効期限があります。有効活用するには、あらかじめ交換特典をしぼり、目標を定めて利用する方法が推奨されます。特にマイレージ初心者が気になることとして、日本の2大マイレージでJMBのライバルともいえるANAマイレージクラブ（AMC）の存在があります。長い間、日本においての2大マイレージは互いに切磋琢磨して発展・進化してきました。しかしここ数年細かな部分では、かなり相違点ができてきており、「選択と集中」というマイレージ活用での究極の課題に対し、各マイレージの特長を十分に理解することが利用者に求められています。この点に関して永年二つマイレージを

●ポイント

❶数あるマイレージからJALマイレージバンクをメインのマイレージバンクに選択する理由は、他のマイレージに比べて、特に日本在住者に優れた特長がある。
❷JALマイレージバンクは生活基盤である提携サービスが多方面に拡大・完備していて、マイルをため、つかう環境が整っている。
❸マイルが2倍たまる独自の特約店制度が完備したJALカードの存在を筆頭に、JMBには8つの優位点が特筆に値する。

併用してきた著者の体験をもとに執筆したマイレージ攻略本「マイレージ二刀流攻略法」（2023年9月玄文社より発売）を併読していただければ、参考になると思います。

●JMBの特長

マイレージにおける各種条件の他社比較での差異は非常に多岐にわたります。JALマイレージバンクが他のマイレージに比較して有利な点を簡単にまとめると以下のような点が特筆されます。

①マイルが倍ためられる独自の特約店、ツアー等でマイル増量など、オリジナルな施策満載の自社クレジットカード（JALカード）の存在。
②生活分野のあらゆる業種にマイレージ提携サービスが完備。
③シニア世代、若年層にはマイルが有効期限5年間の特別カード制度。
④国際線、提携社も含めた海外路線の特典航空券が片道旅程でつかえる。
⑤利用区間数、途中降機等周遊旅程に便利な提携社特典航空券の利用規定。
⑥日程を優先して利用しやすい特典航空券PLUS制度。
⑦特典航空券でもアップグレードできる当日アップグレード制度。
⑧国内線・国際線ともすべての座席クラスを特典航空券で利用可能。

◀JMB G.G WAONカード
満55歳以上の方が加入可能なJMB会員カード。有効期限延長など手厚い優遇策完備。

ＪＭＢ入会のチェックポイント

●会員カードの選択

ＪＭＢの利用を始めるにはまず入会しないとなりません。スマホがあるなら「ＪＡＬマイレージバンクアプリ」でも入会可能です、基本的に入会は無料ですが、ＪＡＬカードならクレジットカードの年会費がかかります。これ以外にもＪＭＢには多様な提携カードがありますが、初年度無料でもカード維持費用がかかるものが大半です。入会のカード選択はマイルのたまり方やサービス内容にも影響しますので、後述の第３章「ＪＭＢカード＆ＪＡＬカードでためる」（Ｐ104）も参照し、自分のライフスタイルに合ったものを選んでください。本項では主要な機能を紹介するに留めます。初めての入会なら、次の①ＪＭＢ ＷＡＯＮカードが無難な選択です。なおこれ以外のカードはホームページの「最適なカードを選ぶ」（次項下段ＱＲコード参照）を参考に、個々の機能をよく比較検討して選択してください。

①**ＪＭＢカード・ＪＭＢ ＷＡＯＮカード：**だれでも入れる発行無料のエントリーカード。

②**ＪＭＢ提携カード：**企業提携との付加機能付きカード。一部クレジット

●ポイント

❶入会時に持っておいて損がない無料のＪＭＢ会員カードとして、ＪＭＢ ＷＡＯＮカードは必携の会員カード。55歳以上が入会可能のＪＭＢ G.G ＷＡＯＮカードはマイルの有効期限が最長5年に延長。

❷ＪＡＬカードはＪＡＬ便でのフライトボーナス、ＪＡＬ系企業の割引等利多くの優遇策があり、ＪＭＢを本格的に攻略するには欠かせないクレジットカード。

❸「ＪＡＬマイレージバンクアプリ」だけでも会員サービス利用は可能だが、バッテリーの電源が切れや、機材のトラブルに備えるために、会員カードは最低1枚持っているべき。

カード付は入会審査あり。

③**JALカード**：クレジット機能付きのカード。JAL便搭乗時にボーナスマイル獲得が可能。その他各種割引サービスなどが付帯する。入会審査あり。

④**学生向けJALカード**：18歳以上の学生（高校生は除く）の方向けのJALカード。未成年は親権者の同意が必要。年会費無料。

⑤**特定年齢層向けの特別優遇カード**：若年層向けカード（JALカードCLUB EST、JALカードスカイメイト等）や、55歳以上世代向けカード（JMB G.GWAON）には、マイレージの有効期限延長、特定運賃などのカード固有の優遇策が具備しています。

⑥**JAL Global Wallet**：JAL Payを設定したJMB会員のオプションカード（入会後に取得可）。「ショッピング＋ATMコース」登録で無料発行。JAL Payをフル活用するのに便利な会員カード。

●万が一の場合のカード型会員証

JMBには「JALマイレージバンクアプリ」があり、これだけでも利用できます。しかし筆者はできればカードタイプの会員証を所持することをお勧めします。スマホでは、バッテリー電源切れや機材のトラブルがあったりすると、会員サービスを使うことができないからです。

◀JMB WAONカード
誰でも入手可能な無料のエントリーカード。

◀あなたにピッタリなカードを選ぶ

ＪＡＬマイレージクラブ（ＪＭＢ）の概要

JAL MILEAGE BANK

●必ず押さえておきたい基本事項

マイレージはマイルをためて航空券などの特典と交換するサービスが基本です。同じようにみえても、各マイレージでは様々な条件は異なります。ＪＭＢの利用に際し、まず知っておくべき基本データは次の通りです。本書を読んでいくと、さらに細かな条件は各項目にそって解説されています。なおＪＭＢの規約に関する疑問点は、ＪＭＢ事務局でも教えてくれますが、どのマイレージが自分に向いているかのような個人的な相談はその対象ではありません。

①**参加できる人**：だれでも
②**会費**：無料
③**マイルの有効期限**：マイルを積算された36か月後の月末。（一部５年）
④**マイルの利用者**：会員本人と二親等以内の家族とその配偶者。
⑤**交換特典**：特典航空券他、多数（改廃あり）。
⑥**マイルの共有**：ＪＡＬカード家族プログラムで家族なら可能（最大10名）。
⑦**その他**：各種サービスのネット利用は個人機材でのアクセスが望ましい。

●ポイント

❶同じようにみえても、各マイレージの各利用条件は細部で異なることが多い。ＪＭＢの利用に際し、基本データは、利用開始に先立って知っておくべき。
❷ＪＭＢ事務局ではＪＡＬマイレージバンクの規約に関する疑問点は教えてくれるが、マイルの使い方など個人的な相談は対象外。
❸マイレージには各項目には制約事項や例外項目が多い。こうした条件は規約やホームページの説明を丹念にチェックしないとわかりづらい。

●意外と知られていないJALマイレージの制約事項

ＪＭＢのみならずマイレージには各項目に制約事項があります。こうした条件は規約やホームページの説明を丹念にチェックしないとわかりづらいことは否定できません。マイレージはお客様向けのサービス事業で、マイルと交換する特典は、実際の販売されている商品とは部分的に異なることがあります。

①ＪＭＢでは特典利用者の資格が限定され、友人等は使えません。
②特典航空券の交換マイル数は空席の状況に応じて最低から最大（上限）まで変動し、申し込み時によって満席の場合はあります。
③海外など居住地区で交換特典の種類や条件が一部異なります。
④空港内ラウンジなど上位会員サービス（ＦＬＹ ＯＮプログラム）はマイルとは別のポイント（ＦＬＹ ＯＮポイント）制度のプログラム。
⑤マイルの減算は有効期限の近い順から減算されます。
⑥マイルは有効期限を過ぎると順次毎月失効します。

このような重要な制約事項はマイレージの利用前にしっかり覚え、苦労してためたマイルを無駄にしないように、自分なりの活用法を確立しましょう。

◀JAL SAKURAラウンジ（羽田空港第三ターミナル）

JMBの利用価値を高める「JAL Life Statusプログラム」の攻略法

2024年からスタートした「JAL Life Status プログラム」は、ポイントを獲得する仕組みが複雑で、また途中から追加の項目が追加されるなどもあり、JMB会員が、完全にその仕組みを理解し使いこなすことは、容易ではありません。しかし獲得したマイルをさらに有効活用できるのですから、その内容をよく調べてみることとお勧めします。

●ポイントをためる項目を再点検

「JAL Life Status プログラム」のポイント獲得には、新しいサービス（JALでんき等）の多くが対象となっており、まずはこの新サービスの内容を理解することが重要です。本書の第3章「JALマイルをためる」において、JALマイルがたまる新しいサービスの概略を項目別に解説してあります。なおこれらサービスには付帯する細部規定が多いので、項目の詳細を該当ページ下段のQRコードを使って、JALホームページで確認することをお勧めします。

●ポイント

❶「JAL Life Status プログラム」を攻略するためには、対象となるサービス項目の内容、特に最近できた新しいサービスの内容をしっかり点検・理解することがスタートライン。

❷「JAL Life Status プログラム」の確実なポイント獲得は、自分のライフスタイルで無理なく（追加の費用が不要など）ためられる項目を選別する。

❸長期戦となる「JAL Life Status プログラム」の攻略は、目標到達を確実にするために、途中の定期的（最低でも3か月に一度程度）な点検作業が不可欠。

●無理なく取り込める項目の選別

「JAL Life Status プログラム」のポイント獲得対象のサービスは多岐にわたるので、自分のライフスタイルで無理なく（追加の費用が不要など等）ポイントがためられる項目を選別することが、スタートラインだと思います。それをもとに自分なりの新たな攻略法を組み立ててみましょう。そうすることで新しい角度のJMB利用法がみえてくると思います。

●おおよその目標を試算

マイレージの有効活用の基本は、「目標の設定」です。「JAL Life Status プログラム」のポイント獲得も同様です。何年位で目標のStarグレードに達することできるかを試算し、実現可能なプランを立てれたら、本プログラムの活用レベルに近づいたといえるでしょう。

●定期的な点検

「JAL Life Status プログラム」の攻略は長期戦です。途中で生活環境がかわり、マイルやポイント獲得にも影響がでることは避けられません。制度の条件変更もあるので、四半期に一度程度の再点検は必須の要点です。

◀JAL Life Status プログラムの6つのStarグレード

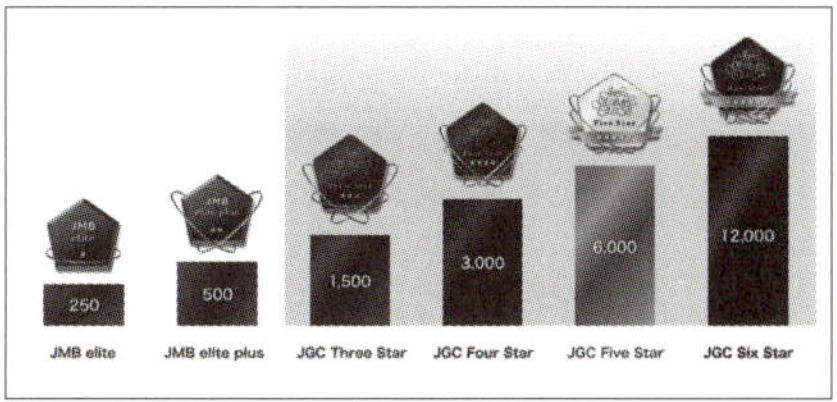

◀JAL Life Status プログラム

2025年～2026年のＪＭＢ攻略キーポイント

日本を取り巻く経済情勢、旅行関連業界のトレンド、ＪＡＬの航空事業や関連事業の展開等を理解することもＪＭＢの有効利用に重要になってきました。規約や提携サービスも頻繁に改廃がなされ、マイルの価値もどんどん変わります。本項では従来から拙著で推奨してきた2年間をひとつの区切りとしてのマイル利用法を、周辺環境を加味して検討します。

●新制度「ＪＡＬ Ｌｉｆｅ Ｓｔａｔｕｓ プログラム」の活用

今までの毎年更新のサービスステイタスの「ＦＬＹ ＯＮ プログラム」とは異なり、長期間での総合利用実績で恒久的な上位会員制度が受けられるのが、「ＪＡＬ Ｌｉｆｅ Ｓｔａｔｕｓ プログラム」です。「マイル修行」などで搭乗実績を重ねなくても、無理なく自然体でステイタスを獲得できるようになりました。この仕組みを自分なりのマイレージライフで生かすことが、これからのＪＭＢ攻略の要となります。

●ポイント

❶この数年でのＪＭＢの「傾向と対策」的な攻略には、単にマイレージ関連の条件変化に加え、日本を取り巻く経済情勢、旅行関連業界のトレンド、ＪＡＬの航空事業や関連事業の展開等も重ねてあわせて考慮することが肝要。

❷「ＪＡＬ Ｌｉｆｅ Ｓｔａｔｕｓ プログラム」を使うことで、無理なく自然体でステイタスを獲得可能になってきた点に注目。

❸ＪＡＬ特典航空券の特性に注目した、個人旅行への効果的な旅程の立案が、マイル有効活用のキーポイント。

●国内線特典航空券の条件変化に注目

ＪＭＢの国内線特典航空券は搭乗便の変更ができない条件となりましたが、次のような新しい利点が加わりました。①乗継旅程を使える区間は以前より少ないマイル数で利用可能。②コードシェア便利用で目的地が増加（五島列島・天草等）。こうした点に着目して、国内旅行に特典航空券をフル活用したいものです。

●片道で使える国際線&提携社特典航空券

ＪＭＢでは自社および提携航空会社すべての特典航空券で片道旅程が可能で、しかも利用区間数、途中降機や各種の付帯利用規定は、他社のマイレージと比較し、極めて自由度が高い有利な条件です。このことは**特典航空券でも自由で周遊型の旅程を組むことを可能**にしてくれます。一部の提携航空会社の特典航空券には燃油サーチャージ不要な点も注目です。

●マイル増量キャンペーン（ポイント交換増量キャンペーン）

ポイ活でためた各種ポイントをＪＡＬマイルに交換することで、大幅にマイルを加算可能です。ＪＭＢではＰｏｎｔａや楽天ポイントなどの提携ポイントとＪＡＬマイル交換増量キャンペーンを不定期ですが実施しています。

◀ＪＡＬ Life Status プログラムのＷＥＢトップ画面

マイレージ攻略に共通の基本認識

ＪＭＢに限らずマイレージ攻略にあたっては、共通する基本認識ともいうべき事項があります。途中で挫折せずに最終目標に到達するためには、まずは自分なりの行動様式（攻略方法）を確立し、ブレないで根気強く付き合うことです。その際の要点になるのは次のような項目だと思います。

①**目標を定める**：夢のある旅への特典航空券獲得等の具体的目標を持つ。
②**継続は力なり**：ローマは一日にしてならず。塵も積もれば山となる。
③**余計な経費をかけない**：ミイラ取りがミイラにならないように気をつける。
④**マメになる**：小さな単位のマイル獲得の機会も無駄にしない。
⑤**セコイ手は使わない**：自分の評判をおとす危なげな裏技には手を出さない。
⑥**家族と共闘体制を組む**：家族共通で利用できる各種のサービスに注目。
⑦**ネット＆スマホ利用の強化**：マイレージ利用はネットとスマホが主流。
⑧**期限内にマイルは使い切る**：マイルの失効はお金を失うことと同じです。

●ポイント

❶ＪＭＢに限らずマイレージ攻略にあたっては、共通する基本認識ともいうべき事項がある。
❷挫折せずに最終目標に到達するためには、自己流の攻略方法を確立し、ブレないで根気強くマイレージと付き合うこと。
❸危なげな裏技には手を出さないなど、だれもが肝に銘ずべき基本姿勢はどのマイレージ攻略でも共通している。

PARTⅡ JALマイルをつかう

世界中の航空会社のマイレージと比較して、JALマイルの交換特典が多様であることは群を抜いています。ただこの数年は新しい交換特典が増えると同時に、交換条件やその内容の改廃が頻繁になり、小まめにホームページをチェックしていないと、有利に使える機会や期限を逃してしまいます。マイレージの究極の目的は**交換特典を高率な交換条件で利用**すること尽きます。それには、どんな特典がありそれを有効につかう方法を検討することがマイルのため方以上に重要です。私のマイレージ攻略は一貫して特典利用法を研究することから出発してきました。長い期間ためて大きくつかう方法もありますが、最近のような経済情勢と頻発するマイレージの条件変更に賢く対応するには、マイルの利用条件が劣化しない前に、上手につかう方法を常に意識して、**交換特典の最新の交換条件を頻繁に点検**することです。

JAL MILEAGE BANK

JALマイルのつかい方を知る

●交換特典の確認

JMBを利用するにあたって、まずJALのホームページでどんな交換特典があるかを知ることから始めましょう。トップ画面のマイレージ&JALカードをクリックすると中段に「つかう（特典航空券やサービス）」のバナーが表示され、その下部の「マイルを特典交換」下部のプラスマークをクリックすると各項目表示となりますが、特典の予約ページになり内容の詳細はわかりません。**JALのホームページのトップページで一番右端にある「メニュー」をクリックし、次の画面で最上段にある項目の「マイレージ」を選択すると、次の段に「マイルをつかう」という項目の下段に交換特典の一覧が表示**され、各項目をクリックするとその特典について詳細な案内を見ることができます。

●特典交換の注意点

①**マイルの有効期限**：交換時にマイル残高があることはいうまでもありませんが、一部の会員を除き、JALマイルは積算日の36か月後の月末迄有効です。それを過ぎると毎月月初に失効します。有効期限までに交換手続きを完

●ポイント

❶マイレージの利用を始める前にマイルのため方より、特典の種類と内容と使い方を知ることが重要。

❷交換特典の内容を確認するにはJALホームページ上部のメニューボタンを使うとわかりやすい。

❸交換特典の注意すべき条件で重要なのは、マイルの有効期限、特典利用者の制約、交換の利用方法、家族のマイル合算等。

了させましょう。なお特典交換が取り消し可能でマイル口座に戻すことができても、使用したマイルで有効期限を過ぎていた分のマイルは戻りません。

②マイルの利用者：ＪＭＢでは特典交換した特典航空券、アップグレード券、ＪＡＬクーポン特典などの利用は本会員と配偶者、二親等以内の家族および義兄弟・姉妹とそれぞれの配偶者に限定で、その他の各種クーポン等もそれに準じて利用者の制限があります。

③特典交換の利用方法：特典航空券は他のポイントカードの様に持参したカードを使い、空港カウンターでマイルから交換するようなしくみではありません。事前にホームページでのネット予約や、事務局へ電話等で申し込む方法で利用します。ネット申し込みでは無料であっても、電話では発行手数料がかかる場合があります。ＪＭＢ国内線特典航空券は、空港で搭乗券との交換のみで、会員同行でない引き取りには確認番号が2個必要な点は要注意です。その他多くの交換特典はネットで申し込みする方法が主流です。

④家族マイルの合算利用：あらかじめＪＡＬカード会員になり、ＪＡＬカード家族プログラムを利用し、生計を同一にする一親等に限りマイルが合算利用できます。特定の家族分のマイルを指定して利用はできません。家族会員全部のマイルから、期限の短いものから順に引き落としとなります。

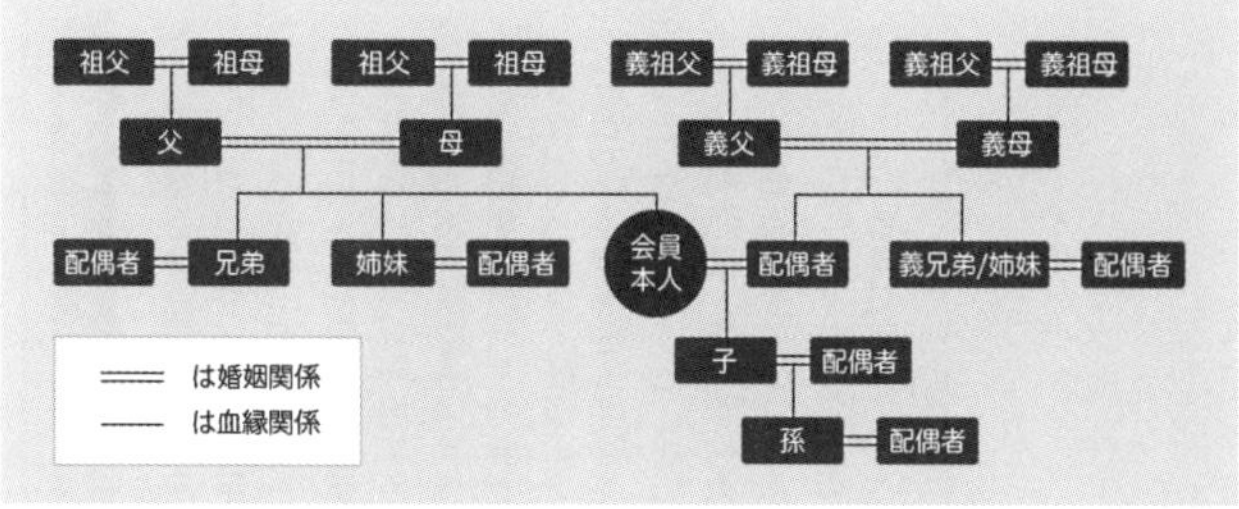

◀**ＪＡＬマイルの利用者関係図**
ＪＭＢ特典交換の利用者は会員本人とこの図にあてはまる方に限定されます。

特典航空券でつかう①

特典航空券の種類とその特長

●特典航空券のメリットと注意点

マイレージの最大のメリットは特典航空券への交換です。その理由は他のポイント交換サービスなどより、**ポイント還元率で有利**な点にあります。ただし特典航空券への交換には各種の条件や制約があります。JMBではどの特典航空券も会員カードを持参して空港カウンターでの申し込みはできません。また利用空港によっての空港施設料、国際線では各種諸税、燃油サーチャージ（国際線）などの追加の費用が別途かかります。

●JAL国内線特典航空券（片道4千マイル～）

1特典で片道または往復利用が可能です。異なる2旅程も一つの国内特典航空券として利用できます。交換マイル数は区間と利用便、座席クラス等によって決まります。**JMB国内線特典航空券の一番の特長は、2～3区間の乗り継ぎ区間も1旅程（特典）として設定される区間が多く、特典航空券での同条件の乗り継ぎ旅程が以前より少ないマイル数で交換できます。**

●ポイント

❶特典航空券は会員カードを持参して空港カウンターで申し込みはできない。マイレージ申込窓口（JMB事務局またWEBサイト）で利用する。
❷JMBの特典航空券はすべて片道利用が可能。1特典としての申し込みは、任意の2旅程または往復旅程も可能。
❸どこかにマイル、どこかにマイル南の島は、行先が抽選制だが通常より少ないマイルで交換できるJAL独自のユニークな特典航空券。

●JAL国際線特典航空券（片道7500マイル～）

JALの国際路線で使える特典航空券です。出発地と到着地別の区分と搭乗クラス（ファースト、ビジネス、プレミアムエコノミー、エコノミー）と予約の混雑状況で交換マイル数が決まります。交換に必要なマイル数が予約の込み具合によって変動制（JAL国際線特典航空券PLUS）です。諸税や燃油サーチャージは別途負担の必要があります。一部搭乗制限期間が設定される場合もあります。**一番の特長は、片道で利用でき、他の航空券や陸路・海路を組み合わせて自由な旅程で利用しやすいことです。**

●提携社特典航空券（1万2千マイル～）

JMBとマイレージ提携している航空会社の片道旅程でも使える特典航空券。必要なマイル数は総旅程の距離と搭乗クラス（ファースト、ビジネス、プレミアムエコノミー、エコノミー）で決まります。JMB提携の同じ航空会社便でしか利用できません。交換時に諸税、空港利用料などが、クレジットカードでの追加支払いが必要となりますが、燃油サーチャージは航空会社によって異なります。**一番の特長は、1特典で全旅程最大6区間、途中降機3回（各条件は航空会社によって異なる）、さらに地上移動1区間は「総旅程距離（マイル）」に含まれずにつかえ、周遊旅行で利用しやすいことです。**

◀JALマイルをつかう一覧
表示のWEB画面上部右側のメニューボタンを利用

◀JALファーストクラスシート（A350・1000）
JAL国際線特典航空券での利用が可能です。

●**ワンワールド特典航空券（2万5千マイル〜）**

ワンワールド加盟会社の2社以上の便を使い、最大8区間、途中降機7回（日本国内最大2区間）、利用できる特典航空券。交換マイル数は総旅程距離と搭乗クラスで決まります。この規定の範囲で世界一周旅程も可能です。総マイル数に含まれない地上移動区間数1区間等の諸条件があります。なお有償のワンワールド世界一周航空券とは、区間数、途中降機回数、地上移動区間の回数とマイル数カウント、最低旅程日数等の各種規定が異なります。交換時に燃油サーチャージや諸税、空港利用料などが、クレジットカードでの追加支払いが必要となります。**一番の特長は世界一周旅程がネットで予約でき、最長旅程での搭乗距離が5万マイル利用できることです。**

●**ジェットスター・ジャパン（GK）特典航空券（片道4500マイル〜）**

日本国内線と国際線の指定路線に片道もしくは2区間、往復で利用できます。国際線特典航空券は、交換時に燃油サーチャージや諸税、空港利用料などが、クレジットカードでの追加支払いが必要となります。**一番の特長は、対象区間なら他の特典航空券よりも少ないマイル数で交換できることです。**

●**どこかにマイル特典航空券（往復7千マイル）**

JALグループ便国内線の特典航空券ですが、JMBだけの特徴あるしく

◀ジェットスター・ジャパン（GK）機（成田空港）
特典航空券は片道4500マイルからの利用。

みの特典航空券です。東京（羽田）、大阪（伊丹・関西）、福岡、札幌（新千歳・丘珠）発着便の直行路線に限ります。申し込む際にWEB検索画面で表示される四つの目的地から一つを選べますが、最終的には抽選でこの4か所の内どれが決定目的地となります。申込み時点でマイル交換は引き落とされ、決定した発着地と日程、利用者は変更できません。他のマイレージで例をみないJMB独特のユニークな特典航空券です。**一番の特長は、通常の半分以下の交換マイル（一律往復7千マイル）で往復旅程の特典航空券が交換できることです。**

●どこかにマイル南の島特典航空券（往復7千マイル）

沖縄（那覇）、鹿児島発着便の指定離島路線に限ります。申し込む際にWEB検索画面で表示される三つの目的地から一つを選べますが、最終的には抽選でこの3か所の内どれが決定目的地となります。申し込み時点でマイルは引き落とされ、決定した発着地と日程、利用者は変更できません。**一番の特長は通常の半分以下の交換マイル（一律往復7千マイル）で往復旅程の特典航空券が交換できることです。**

◀**琉球エアーコミューター機（北大東空港）**「どこかにマイル南の島」をつかい北大東島にも行けます。

特典航空券でつかう②

特典航空券利用の攻略ポイント

●予約の取り方には工夫が必要

特典航空券は一番メリットのある交換特典ですが、マイル交換用の座席数は予め限られ、一般席に空席があっても予約できるとは限りません。特に数名以上の家族が同じ便での特典航空券の利用は、繁忙期ではかなり難関です。そのためつかいたい日程や旅程で特典航空券を一番少ない基本マイル数で利用するには、取れる予約に合せて旅行するという柔軟性も求められるのが特典航空券の一般的な利用方法です。

●希望日に予約が取りやすくなったJAL特典航空券PLUS

JAL特典航空券では、基本マイル数に追加のマイルを加えることによって、希望日に特典航空券が取りやすくなる「JAL特典航空券PLUS」を採用しています。ただし必要マイル数は大きく異なります。なるべく少ないマイル数で交換したいならホームページで「JAL国際線特典航空券・空席照会カレンダー」を利用して、適合する日程を探すことができます。

●ポイント

❶数名以上の家族での同じ便での特典航空券の利用は、国際線や国内線の各繁忙期では難しい。人気路線では取れた予約に合せ旅行する等柔軟に対処する。

❷不定期に実施されるキャンペーンで、通常より少ないマイル数で特典航空券に交換可能となるケースもあることに注目。

❸海外への特典航空券で訪問先のベストシーズンに利用するには、JALマイルを2年間でためた時点で交換するのが理想的。

●特典航空券によって予約開始と締め切り日の違いに注意

特典航空券の申し込みには予約開始日時と締め切り日時あります。JMBでは特典航空券は国内線も含めすべて、搭乗予定日の360日前の午前0時（日本時間）より予約受付開始となりました。ただし「どこかにマイル」、「どこかにマイル 南の島～那覇・鹿児島発～」は搭乗日（往路）の1か月前の午前0時から予約受付となります。また申し込み締め切り日時は、国内線では前日の23時59分（WEBの場合）、国際線と提携社特典航空券（GK含む）はWEBでは第一区間の48時間前まで、電話では第一区間の24時間前まで、「どこかにマイル」、「どこかにマイル 南の島～那覇・鹿児島発～」は出発日（往路）の5日前まで。

●提携社特典航空券は周遊旅程がメリット大

提携社特典航空券では乗り換えで途中降機（24時間以上の滞在）ができるタイプの航空券があります。その機能を利用すると単純往復の旅程ではなく、何か所かの都市を回る旅程を組むことが可能です。一般的に周遊旅程の有償運賃は割高ですが、JMBの提携社特典航空券では目的地への途中に、途中降機できる条件をクリアーできるなら、単純往復と同じ交換マイル数で数都市に立ち寄りができることは大きなメリットです。

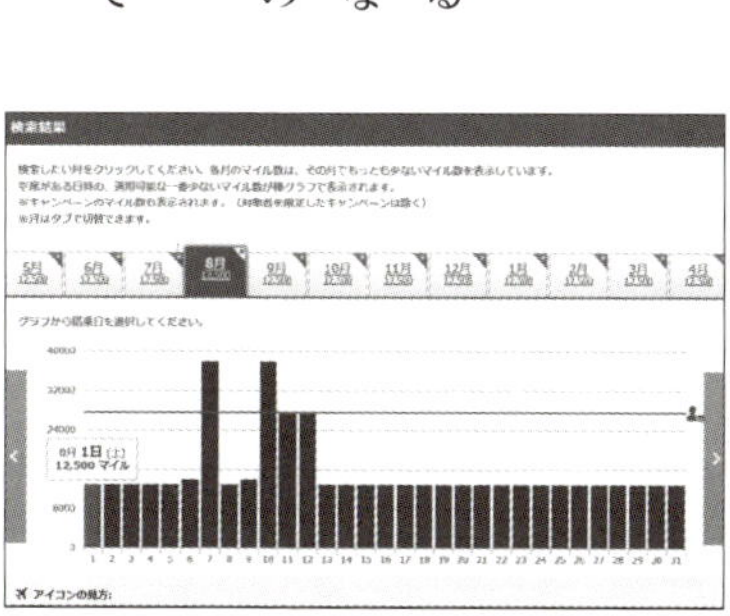

◀JAL国際線特典航空券 空席照会カレンダー画面（PC）
JAL国際線特典航空券 PLUSの利用時のマイル数比較ができます。

●予約変更方法に注意

ＪＡＬ特典航空券は国内線・国際線とも変更不可となり、すべて予約を解約して再度新規の予約を取り直す方法に変わりました。提携社特典航空券では、予約変更（日付と便）は条件を満たせば可能（ＷＥＢは無料、電話では有料）です。

●キャンペーン情報を見逃さない

ＪＭＢでは時期によって、通常より少ないマイル数で特典航空券へ交換できるディスカウントマイルキャンペーンを随時行っています。ホームページを定期的にチェックするなどして、こうしたチャンスを有効活用しましょう。

●国際線利用では特に訪問先の季節に配慮する

海外旅行には訪問地域の季節とそれに伴った各種観光施設の利用期間などの制約があります。理想的なスケジュールで予約するために、予約開始日とマイル失効の期限を考慮すると、２年間でためたマイルと交換することで、訪問先のベストシーズンに旅行できます。最近は提携条件の変化や路線の改廃も多いので、国際線や提携社特典航空券は交換必要マイル数がたまり次第、早い時期に予約を検討するのが得策です。

◀ハノイ・タンロン皇城（２０２３年１月）新年のベトナムは普段とは違う賑わいを感じます。

JAL MILEAGE BANK

特典航空券でつかう③

JAL国内線特典航空券

●申し込み期日と方法

搭乗日の360日前の午前0時から搭乗日前日まで（日本時間）申し込み可能。ネットか電話で予約できます。

●搭乗可能便

JALグループ国内線（日本航空（JAL）、日本トランスオーシャン航空（JTA）、琉球エアーコミューター（RAC））及び**フジドリームエアラインズ、天草エアライン、オリエンタルエアブリッジ運航のコードシェア便も可能。**

●利用できる搭乗座席クラス

普通席、クラスJ、ファーストクラス。

●1特典で申し込める旅程

1特典で、**任意の1旅程（片道）または2旅程（往復を含む）を利用**でき

●ポイント

1. 国内線特典航空券は前日まで予約可能であり、ネット予約なら深夜23時59分まで可能。
2. 国内線特典航空券は空港での搭乗券との交換のみなので、会員本人が同行しない場合の搭乗券交換に必要な『予約番号』と『確認番号』の二つを必ず忘れずに記載して持参させる。
3. JALグループ航空会社以外の航空会社のコードシェア便も特典航空券で利用可能。

ます。直行旅程の場合は1旅程1区間、乗り継ぎ旅程の場合は1旅程2〜3区間までとなります。

●交換に必要なマイル数

必要なマイル数は、路線、搭乗クラス、日程、利用便の**予約時点の空席状況に応じて変動**します。一番マイル数の少ない「基本マイル」で予約できる席に空きがない場合は、予測残席に応じて変動する追加マイルを払い予約できる「特典航空券PLUS」が利用できます。**ホームページにある「JAL国内線特典航空券・空席照会カレンダー」**を使うと日程による交換に必要なマイル数を事前に簡単に調べることができます。

●有効期限・取り消し&マイル払い戻し

JAL国内線特典航空券は**予約便のみ有効で変更はできず**、搭乗しない場合は無効となり利用したマイルは戻りません。出発前までに取り消してマイルを払い戻しするには、1特典（一人）1千円の手数料（クレジットカード決済）が必要です。

◀JMBホームページ
必要マイル早見表
2023年4月12日以降は、国内線特典航空券に乗り継ぎ旅程の設定ができました。

◀JAL国内線特典航空券

●見過ごしがちな注意事項

①**家族・小児の利用**：JMB国内線特典航空券は全て空港で搭乗券との交換となり、旅程等も郵送されません。**会員が同行しない家族だけでの利用**には『予約番号』の他に『確認番号9桁』も必要となりますので注意して下さい。座席を使う幼児と小児の特典航空券も大人と同じマイル数が必要です。

②**入会直後の特典交換：入会後最大60日間は利用できません。**

③**会員以外の申し込み**：会員本人の申し込みが困難な場合は、会員本人が事前に「代理人」として登録委託された第三者が特典航空券の申し込みや登録情報の参照、変更などの代行手続きが可能な「**代理人制度**」を利用できます。

④**国内線旅客施設使用料**：必要マイル数のほかに、「**国内線旅客施設使用料**(Passenger Facility Charge)」の**クレジットカードで支払い**が必要です。

JAL国内線特典航空券の交換必要マイル数例　2025年2月現在

行先(東京発) 直行旅程(片道・1区間)	ゾーン	普通席		クラスJ		ファーストクラス	
		基本	PLUS最大	基本	PLUS最大	基本	PLUS最大
(札幌⇔函館等)	Aゾーン	4,000	18,500	5,000	19,500	ー	ー
山形・名古屋　等	Bゾーン	5,000	22,500	6,000	23,000	ー	ー
大阪・小松　等	Cゾーン	6,000	23,000	7,000	23,500	14,500	27,000
広島・松山　等	Dゾーン	7,000	31,000	8,500	32,500	18,000	34,000
札幌・福岡　等	Eゾーン	8,000	39,500	9,500	41,000	20,000	41,000
奄美大島・那覇　等	Fゾーン	9,000	44,500	11,000	46,500	22,000	44,000
石垣・宮古　等	Gゾーン	10,000	51,500	13,000	53,500	24,000	60,000

乗継旅程 (片道)	ゾーン	普通席		クラスJ		ファーストクラス	
		基本	PLUS最大	基本	PLUS最大	基本	PLUS最大
札幌⇔山口宇部	2区間	9,000	41,500	11,000	41,500	21,000	48,500
札幌⇔徳之島	3区間	10,000	50,000	13,000	52,000	23,500	56,500
青森⇔石垣	3区間	12,000	57,500	15,000	60,500	25,000	65,500

特典航空券でつかう④
どこかにマイル／どこかにマイル 南の島・那覇・鹿児島発

●通常の特典航空券の半分以下の交換マイル数で往復旅程獲得可能

「どこかでマイル」とは、ＪＭＢオリジナルのユニークな抽選型の特典航空券です。出発空港と路線が限定され、**インターネットでのみ申し込み**です。名称のとおり、どこに行けるかは抽選の結果次第ですが、どんな路線でも往復旅程が一律7千マイルで交換できるのが魅力です。ちなみに国内線特典航空券は最低でも片道4千マイルからなので、**通常の特典航空券の半分以下のマイル数で往復旅行ができます**。

●利用にあたっての注意点

①**申し込み期日**：搭乗希望日（往路）の1か月前から5日前まで。

②**路線の制約**：羽田、大阪（伊丹・関西）、福岡、札幌（新千歳・丘珠）の各空港の直行路線。「どこかにマイル（南の島）」は那覇・鹿児島発の離島路線。

③**最長日程**：出発日を含む10日以内の往復旅程。

●ポイント

❶ＪＭＢのオリジナル企画でのユニークな抽選型の特典航空券。インターネットでのみ申し込み可能。

❷日程は最長10日間で、一度に申し込める人数（会員本人以外会員の二親等以内の親族）は最大４名。

❸行先を確認後にマイル引き落としをすることは不可。マイル引き落とし後予約取り消しは可能だがマイルは戻らない。行先は４か所（南の島は3か所）の候補のどれからから抽選で決定され、指定変更はできない。

④**マイル引き落とし**：予約取り消しは可能ですがマイルは戻りません。

⑤**行先**：４か所の候補（南の島は３か所）のどれかが抽選で決定され変更はできません。

●つかい方

今まで行く機会のなかった日本各地に旅行したい場合などには便利な特典航空券です。**確実に休暇が取れる日程**で、家族旅行したい方等に向いている交換特典です。

●申し込み方法（概略）

通常の特典航空券とは申し込み方が異なる方法を採用しています

（申し込み方法）

①：**申し込みボタンから発着地と日程、人数を入力する画面**に進み、希望日程を入力します。この段階では候補の行先は表示されません。日程は最長10日間で、一度に申し込める人数（会員本人以外は特典航空券と同じ資格者*）は最大４名までです。ここでデータをすべて入れ終わり、検索ボタンを押します。

◀上記①画面

②：**検索を押すと目的地候補の四つ（南の島は三つ）の行先が画面**表示されます。自分の行きたい目的地が検索結果に表示されないなら、再度検索をやり直すことができますが、一日の内で検索できる回数には上限の設定があります。申し込む日にちによっては何回検索しても希望の目的地が検索結果で表示されないこともあります。その場合は日程を変えるか、申し込みの日付を変えるなどして再トライします。検索画面で希望する目的地の組み合わせを決めたなら、申し込みボタンを押して確定します。一度申し込むと抽選の結果で決まる目的地の変更や取り消しができないので注意しましょう。

③：**会員本人以外も同時に申し込む場合は同行者の入力画面**が次に表示されます。この時点ではまだマイルは引き落とされず、中止が可能です。

④：**入力を完了して次に進むと、最終確認画面**に進みます。この画面で申し込みが会員本人だけの場合はマイルも同時に引き落としされます。

⑤：**申し込みが完了すると申込番号が表示された受付画面**となります。同行者がいる場合と会員申込者本人単独の場合では手続きが異なります。同行者

◀上記③画面

◀上記④画面

がいる場合はマイル引き落とし条件入力が全員分済むまでは申し込みは完了しません。同行者のマイルは基準を満たせば個別利用が可能ですが、期限（決定日の2日前の23時59分迄）までにマイルが引き落としできないと、申し込みが成立しないので、行先も決定日に決まらずキャンセルされてしまいます。別の見方をすれば同行者全員のマイル引き落とし期限前（決定日の2日前の23時59分迄）なら、取り消しが可能です。ただしマイル引き落としがない限り行先は決定しないので、行先を確認してから**マイル引き落としをすることはできません。また申し込み者本人を含め参加者分のマイルは特典を取り消してもマイルは戻りません。**

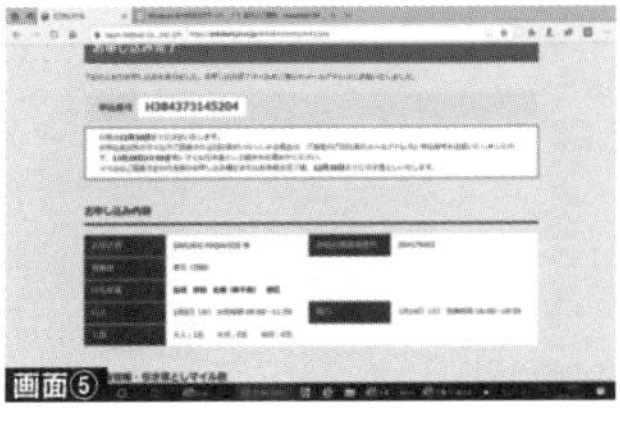

◀上記⑤画面

◀どこかにマイル・どこかにマイル（南の島）

特典航空券でつかう⑤

JAL国際線特典航空券

●片道利用が可能

JAL国際線特典航空券は国内線乗継（JAL，日本トランスオーシャン航空（JTA）の国内線が対象）もでき片道で利用できる点が大きな特長です。利用できる路線は、日本発着路線限定です。1特典で往復旅程も利用可能です。片道なら国際線1区間、国内線1区間まで、往復なら往路・復路とも国際線と国内線各1区間利用できます。出発地と最終帰着地が異なる旅程や、往路到着地と復路出発地が異なる旅程も利用できます。乗り継ぎは日本国内で1回まで可能で途中降機はできません。

●基本必要マイル数は日程・搭乗便・搭乗クラス・区間で決まる

交換マイル数は日程、搭乗クラス（ファーストクラス、ビジネスクラス、プレミアムエコノミー、エコノミークラス）と搭乗区間と一部路線は利用便で交換マイル数が決まります。**ファーストクラスではシーズン区分があります。**往路と復路を異なるクラスでの利用も可能です。乗り継ぎのある旅程で、

●ポイント

❶片道なら国際線1区間、国内線1区間まで、往復なら往路・復路とも国際線と国内線各1区間利用可能。途中降機の規定は日本発では不可。乗り継ぎは日本国内で1回まで。

❷搭乗クラスと搭乗区間（一部路線は利用便）で交換に必要なマイル数が決まる。

❸「JAL国際線特典航空券PLUS」の導入で、交換に必要なマイル数は通常よりも多く必要だが、特典航空券が自分の都合の日程で入手しやすくなった。

複数のクラスが混在する場合は、上位クラスのマイル数が適用されます。なお会員の所属地区によって交換マイル数が異なる場合があります。

●日程を優先するならＪＡＬ国際線特典航空券ＰＬＵＳ

ＪＭＢでは基本マイル数での特典航空券に加え、日程を優先して特典航空券を入手したい方向けに変動相場制の国際線特典航空券としてファーストクラス以外では「特典航空券ＰＬＵＳ」が利用できます。交換に必要なマイル数は通常よりも多く必要となりますが、特典航空券が自分の都合の日程で入手しやすくなります。必要なマイル数は日々変わり、ホームページのＪＡＬ国際線特典航空券空席照会カレンダーで確認できます。

●申し込みの期日・発券条件・キャンセル待ち

復路搭乗日前日から数えての３６０日前の午前0時（日本時間）から第一区間出発の48時間前（電話予約のみ24時間前迄）まで申し込み可能ですが、案内された発券期限内に旅程全区間の予約が取れていることが発券の条件です。キャンセル待ちはファーストクラスしかできません。往復利用の場合は、往復共に申し込み日から３６０日以内となる旅程なら予約申し込可能です。

●ＪＡＬ国際線特典航空券の注意事項

ＪＡＬ国際線特典航空券の利用に際し、次のような事項に注意。

①燃油サーチャージ、諸税、各社手数料等をカードで追加支払。
②電話予約は発券手数料が必要。
③予約変更不可でマイル払い戻し（要手数料）で再予約。
④地上移動区間の制限と異なる空港の同一地点指定。
⑤遠回り旅行の禁止。

◀ＪＡＬ国際線特典航空券

JAL国際線特典航空券基本交換マイル数（日本発・片道）

2025年6月10日発券分以降

数字：マイル数、－：設定なし

方面	行先	利用便	搭乗クラス					
			エコノミークラス		プレミアムエコノミー		ビジネスクラス	
			基本	PLUS最大	基本	PLUS最大	基本	PLUS最大
東アジア	ソウル	-	7,500	61,000	-	-	18,000	79,000
	広州	-	10,000	99,000	-	-	24,000	113,000
	上海（虹橋便）	-	11,000	95,000	16,000	131,000	26,000	144,000
	上海（浦東便）	-	10,000		15,000		24,000	
	大連	-	10,000	99,000	-	-	24,000	128,000
	天津	-	10,000	82,000	-	-	24,000	116,000
	香港	-	11,000	100,000	16,000	104,000	26,000	130,000
	北京	-	10,000	105,000	-	104,000	24,000	133,000
	台北	羽田	11,000	88,000	-	-	26,000	121,000
		成田	9,000		-		24,000	
		関西、中部	9,000	59,000	-	-	24,000	158,000
グアム	グアム	-	10,000	134,000	-	-	23,000	140,000
東南＆南アジア	クアラルンプール		15,000	104,000	25,000	113,500	40,000	205,000
	ジャカルタ		15,000	105,500	25,000	113,500	40,000	204,500
	シンガポール		12,000	105,000	25,000	112,500	40,000	200,000
	デリー		17,500	133,500	25,000	134,000	40,000	320,000
	ベンガルール		17,500	132,500	25,000	133,000	40,000	318,500
	ハノイ		13,000	98,000	25,000	107,500	30,000	200,000
	ホーチミンシティ		13,000	97,500	25,000	107,000	40,000	200,000
	バンコク	東京（羽田・成田）JL031/034便以外	13,500	101,000	25,000	109,000	40,000	200,000
		JL031/034便利用	17,500		30,000		45,000	
		大阪（関西）、名古屋（中部）	12,500	98,000	20,000	114,500	37,500	200,000
	マニラ		10,000	86,500	15,000	92,500	24,000	151,000
オセアニア	シドニー		23,000	128,000	31,000	137,000	45,000	289,000
	メルボルン		25,000	135,000	35,000	144,500	45,000	312,000
ヨーロッパ	パリ		27,000	171,000	40,000	181,500	57,000	441,000
	フランクフルト		23,000	164,500	38,000	175,500	55,000	425,000
	ヘルシンキ		23,000	172,500	38,000	183,500	55,000	440,500
	ロンドン		27,000	171,000	40,000	181,500	57,000	441,000
中東	ドーハ		20,000	97,500	30,000	-	50,000	314,000
ハワイ	コナ		25,000	138,000	35,000	181,000	45,000	384,000
	ホノルル		20,000	137,000	30,000	181,000	43,000	377,000
北米	サンディエゴ		27,000	212,000	40,000	224,000	55,000	408,000
	サンフランシスコ		27,000	197,000	40,000	231,000	55,000	446,000
	シアトル		27,000	192,000	40,000	226,000	55,000	427,000
	シカゴ		27,000	201,000	40,000	235,000	55,000	496,500
	ダラス・フォートワース		27,000	230,000	40,000	246,000	55,000	509,500
	ニューヨーク		27,000	224,000	40,000	240,000	55,000	502,000
	ボストン		27,000	206,000	40,000	237,000	55,000	489,000
	ロサンゼルス		27,000	195,000	40,000	230,000	55,000	421,500
	バンクーバー		27,000	190,000	40,000	225,000	55,000	426,000

JAL国際線特典航空券基本交換マイル数（日本発・ファーストクラス） 2026年6月10日以降発券基準

方面	行先	ローシーズン	レギュラーシーズン	ハイシーズン
東アジア	ソウル	-	-	-
	上海（虹橋）	36,000	43,000	50,000
	上海（浦東）			
	香港			
	広州	-	-	-
	大連			
	天津			
	北京			
	台北			
グアム	グアム	36,000	43,000	50,000
東南&南アジア	シンガポール	67,500	75,000	82,500
	バンコク	-	-	-
	ジャカルタ			
	クアラルンプール			
	デリー			
	ベンガルール			
	ハノイ			
	ホーチミンシティ			
	マニラ			
オセアニア	シドニー	90,000	97,500	105,000
	メルボルン	-	-	-
ヨーロッパ	パリ	110,000	125,000	140,000
	ロンドン			
	ヘルシンキ			
	フランクフルト	-	-	-
中東	ドーハ	70,000	80,000	90,000
ハワイ	コナ	90,000	100,000	110,000
	ホノルル			
北米	サンフランシスコ	110,000	125,000	140,000
	シアトル			
	シカゴ			
	ダラス・フォートワース			
	ニューヨーク			
	ロサンゼルス			
	バンクーバー			
	サンディエゴ	-	-	-
	ボストン			

特典航空券でつかう⑥

JMB提携航空会社特典航空券

提携社特典航空券はJMBと**提携航空会社一社だけの路線を利用**する特典航空券です。複数の航空会社を利用する「**ワンワールド特典航空券**」**とは、規約が異なります**。なおジェット・スタージャパン（GK）は別項で解説します。

●片道利用可能で必要マイル数は搭乗クラス・総旅程距離で決まる

片道旅程の利用が可能。搭乗クラス（ファーストクラス、ビジネスクラス、プレミアムエコノミー。エコノミークラス）と総旅程距離で交換に必要なマイル数が決まります。複数クラス混在の場合は上位クラスのマイル数が適用されます。交換マイル数は会員の居住エリアで異なります。

●区間数、途中降機などの諸条件

(1)**区間数**：1特典で合計6区間まで利用できます。（ただし大韓航空は最大2区間まで、中国東方航空は最大4区間、うち、中国国内区間は最大2区間まで、ハワイアン航空は最大4区間、うち、ハワイ離島内区間は最大2区間

●ポイント

❶提携航空会社一社だけの路線を利用する特典航空券。
❷区間数、途中降機などの諸条件は航空会社ごと異なる。
❸一部航空会社では利用できる路線・搭乗クラスの制限がある。

◀JMB提携航空会社特典航空券

まで、ロイヤル・エア・モロッコは最大4区間までと異なります。）

(2)途中降機等：旅程全体で3回まで可能。中国東方航空の中国発の国際区間を含む旅程においては、中国での途中降機はできません。1特典で、一つの都市は3回まで利用できますが、途中降機は1都市につき1回までです。

(3)地上移動時間動区間：旅程全体で地上移動区間1回が可能で、滞在にかかわらず1回の途中降機となります。地上移動される場合の2地点間は、「総旅程距離（マイル）」に含みません。

(4)利用できない旅程：出発地と最終帰着地が異なる旅程や、出発地と最終帰着地が異なる国でも利用できますが、出発地へ戻り、さらに出発地以外の都市へ行く旅程は組めません。また出発国へ戻り、さらに第三国へ行く旅程も組めません。

(5)発券手数料：電話での予約には発券手数料（５５００円）が必要です。

(6)燃油サーチャージなど諸費用：諸費用（空港利用料等）や燃油サーチャージ（航空会社によって異なる）などを別途発券時に支払う必要があります。

(7)申し込みの期日・発券条件：復路搭乗日前日から数えて３６０日前午前０時（日本時間）から第一区間出発の48時間前まで（電話予約は24時間前まで）に申し込み可能ですが、案内された発券期限内内に旅程全区間の予約が取れ

◀**アラスカ航空ラウンジ（ロサンゼルス空港）**
アラスカ航空はＪＭＢ提携航空会社のひとつです。

ていることが発券の条件です。

(8)キャンセル待ち・事前座席指定：キャンセル待ちや事前座席指定は「JMB提携会社特典航空券」ではできません。

(9)利用期間の制限：大韓航空の特典航空券（日本―韓国間）では2025年及び2026年に利用制限期間の設定があります。

●変更等や各種問い合わせ

航空券の有効期間（発行日から1年以内が旅行開始期限で、旅行開始日から1年間）内で搭乗日と搭乗便の変更が可能です。航空会社、搭乗者、区間、経由地の変更はできません。**変更窓口はJMB専用ホームページかJMB会員専用国際線予約／JMBセンターとなり、通常の予約窓口とは異なります。提携航空会社特典航空券の各種条件は非常に複雑で、ホームページでの説明で不明ならマイレージ事務局に問い合わせ（問い合わせだけなら無料）**することをお勧めします。

●見過ごしがちな注意すべき事柄

①すべての区間の予約が取れていることが発券の条件です。

◀エミレーツ航空ラウンジ（JFK）
エミレーツ航空もJMB提携航空会社のひとつです。

②15歳未満の未成年者の単独旅行に制限があります。
③キャンセル待ち予約や事前座席指定はできません。
④基本的に他社運航のコードシェア便は利用不可。

●一部航空会社では利用できる路線・搭乗クラスの制限

対象航空会社の路線でもJMB特典航空券が利用できる路線が限定されている会社があります。大韓航空は日本―韓国間の路線のみが対象。ハワイアン航空ではハワイ・北米間の路線は対象外です。またマレーシア航空（MH）、エールフランス航空（AF）、大韓航空（KE）、エミレーツ航空（EK）についてはファーストクラス特典の設定はありません。S7航空はワンワールド アライアンス会員資格停止に伴い、2022年4月19日より当面の間新規での利用はできません。

JMB提携会社特典航空券　交換マイル数チャート（日本地区会員対象）

2025年3月現在
単位：マイル

区分	総旅程距離（マイル）	エコノミークラス	プレミアムエコノミー	ビジネスクラス*1	ファーストクラス*2
1	1～1,000	12,000	17,000	24,000	36,000
2	1,001～2,000	15,000	21,000	30,000	45,000
3	2,001～4,000	23,000	30,000	42,000	65,000
4	4,001～6,000	37,000	46,000	60,000	90,000
5	6,001～8,000	45,000	59,000	80,000	120,000
6	8,001～10,000	47,000	62,000	85,000	135,000
7	10,001～12,000	50,000	70,000	100,000	145,000
8	12,001～14,000	55,000	77,000	110,000	165,000
9	14,001～20,000	70,000	94,000	130,000	190,000
10	20,001～25,000	90,000	112,000	145,000	220,000
11	25,001～29,000	110,000	135,000	160,000	250,000
12	29,001～34,000	130,000	160,000	190,000	290,000
13	34,001～50,000	150,000	180,000	210,000	330,000

*1以下の場合はビジネスクラスの必要マイル数でファーストクラスを利用可能。
アメリカン航空（AA）：2クラス制（エコノミークラス・ファーストクラス）にて運航している区間
ハワイアン航空（HA）：ハワイ離島間、アラスカ航空（AS）
*2マレーシア航空（MH）、エールフランス航空（AF）、大韓航空（KE）、エミレーツ航空（EK）についてはファーストクラス特典の設定なし。

JMB提携特典航空券　対象航空会社利用便一覧（日本地区会員対象）

区分	提携航空会社	対象便
ワンワールド加盟航空会社	アラスカ航空	"AS"便名の以下運航便
ワンワールド加盟航空会社	アラスカ航空	アラスカ航空（AS）、Horizon Air（QX）、SkyWest Airlines（OO）
ワンワールド加盟航空会社	アメリカン航空	"AA"便名の以下運航便
ワンワールド加盟航空会社	アメリカン航空	アメリカン航空（AA）、アメリカンイーグル
ワンワールド加盟航空会社	ブリティッシュ・エアウェイズ	"BA"便名の以下運航便
ワンワールド加盟航空会社	ブリティッシュ・エアウェイズ	ブリティッシュ・エアウェイズ（BA）、BAフランチャイズ <Sun-Air of Scandinavia A/S（EZ）、Comair Pty Ltd.（MN）>、子会社 <BA CityFlyer（CJ）>
ワンワールド加盟航空会社	キャセイパシフィック航空	"CX"便名の以下運航便
ワンワールド加盟航空会社	キャセイパシフィック航空	キャセイパシフィック航空（CX）
ワンワールド加盟航空会社	フィンエアー	"AY"便名の以下運航便、
ワンワールド加盟航空会社	フィンエアー	フィンエアー（AY）、AY便名でNordic Regional Airlines（N7）が運航する便のみ対象。
ワンワールド加盟航空会社	イベリア航空	"IB"便名の以下運航便
ワンワールド加盟航空会社	イベリア航空	イベリア航空（IB）、Iberia Express（I2）、およびAir Nostrum（YW）
ワンワールド加盟航空会社	イベリア航空	※マドリード⇔バルセロナ間のシャトル便は利用不可。
ワンワールド加盟航空会社	マレーシア航空	"MH"便名の以下運航便
ワンワールド加盟航空会社	マレーシア航空	マレーシア航空
ワンワールド加盟航空会社	マレーシア航空	Firefly（FY）運航便は不可
ワンワールド加盟航空会社	カンタス航空	"QF"便名の以下運航便
ワンワールド加盟航空会社	カンタス航空	カンタス航空（QF）、カンタスリンク
ワンワールド加盟航空会社	カンタス航空	※ジェットスター（JQ）、ジェットスターアジア（3K）、ジェットスタージャパン（GK）の運航便は利用不可。
ワンワールド加盟航空会社	カタール航空	"QR"便名の以下運航便
ワンワールド加盟航空会社	カタール航空	カタ--ル航空（QR）
ワンワールド加盟航空会社	ロイヤル・エア・モロッコ	"AT"便名の以下運航便
ワンワールド加盟航空会社	ロイヤル・エア・モロッコ	ロイヤル・エア・モロッコ（AT）、ロイヤル・エア・モロッコ・エキスプレス
ワンワールド加盟航空会社	ロイヤルヨルダン航空	"RJ"便名の以下運航便
ワンワールド加盟航空会社	ロイヤルヨルダン航空	ロイヤルヨルダン（RJ）
ワンワールド加盟航空会社	S7航空	"S7"便名の以下運航便
ワンワールド加盟航空会社	S7航空	S7航空（S7）
ワンワールド加盟航空会社	スリランカ航空	"UL"便名の以下運航便
ワンワールド加盟航空会社	スリランカ航空	スリランカ航空（UL）
ワンワールド以外の提携航空会社	エールフランス航空	"AF"便名の以下運航便
ワンワールド以外の提携航空会社	エールフランス航空	エールフランス航空（AF）
ワンワールド以外の提携航空会社	バンコクエアウェイズ	"PG"便名の以下運航便
ワンワールド以外の提携航空会社	バンコクエアウェイズ	バンコクエアウェイズ（PG）
ワンワールド以外の提携航空会社	中国東方航空	"MU"便名の以下運航便
ワンワールド以外の提携航空会社	中国東方航空	中国東方航空（MU）
ワンワールド以外の提携航空会社	エミレーツ航空	"EK"便名の以下運航便
ワンワールド以外の提携航空会社	エミレーツ航空	エミレーツ航空（EK）
ワンワールド以外の提携航空会社	ハワイアン航空	"HA"便名の以下運航便
ワンワールド以外の提携航空会社	ハワイアン航空	ハワイアン航空（HA）ハワイ–北米間は利用不可
ワンワールド以外の提携航空会社	大韓航空	"KE"便名の以下運航便
ワンワールド以外の提携航空会社	大韓航空	大韓航空（KE）※日本–韓国間に限定
ワンワールド以外の提携航空会社	LATAM航空	"LA"/"XL"/"4M"便名の以下の運航便
ワンワールド以外の提携航空会社	LATAM航空	LATAM航空（LA）、LATAM航空ブラジル（JJ）、LATAM航空ペルー（LP）、LATAM航空パラグアイ（PZ）、LATAM航空エクアドル（XL）、LATAM航空コロンビア（4C）、

JAL MILEAGE BANK

特典航空券でつかう⑦

ワンワールド特典航空券

世界一周も可能な特典航空券

ＪＡＬが加盟しているワンワールド加盟の2社以上の対象便を利用するＪＡＬ提携特典航空券で世界一周旅程も可能です。単純な往復旅程で片道ごと異なる二つの対象航空会社便でも利用できます。

●交換に必要なマイル数は搭乗クラスと総旅程距離で決まる

搭乗クラス（ファーストクラス、ビジネスクラス、エコノミークラス）と総旅程距離で特典交換に必要なマイル数が決まります。複数のクラスが混在する場合は、上位クラスのマイル数が適用されます。

●利用クラスの注意点

①**利用クラス**：旅程の一部で異なるクラスを利用の場合、特典交換には上位クラスのマイル数が必要。

②**プレミアムエコノミークラス**：ワンワールド特典航空券にはプレミアムエコノミークラスでの特典航空券の設定がなく、ファーストクラス特典または

●ポイント

❶ワンワールド加盟2社以上の対象便を利用する特典航空券で世界一周旅程も可能。単純往復旅程で片道ごと異なる二つの対象航空会社便でも利用可能。

❷1特典で、地上移動区間を除き、8区間まで利用可能。

❸事前に搭乗希望区間にワンワールド加盟社の就航便の有無をワンワールドホームページや世界一周運賃予約システムで調べ、自分のプランを作成してから予約するのが賢明。

ビジネスクラス特典の旅程の一部としてのみの利用となります。エコノミークラスの特典では利用不可です。

③**アップグレード**：現金その他での差額支払いや特典航空券とアップグレード特典の重複利用により、特典航空券のアップグレードはできません。

●利用区間・途中降機の注意点

①**利用区間数**：1特典で、地上移動区間を除き、8区間まで利用可能。

②**日本国内区間の利用**：旅程全体で2区間までＪＡＬ便とＪＴＡ便のみ。

③**途中降機**：途中降機が、7回まで可能。日本発着の旅程の場合、日本国内の途中降機はできません。1特典で同一都市は3回まで利用可ですが、途中降機は1都市で1回まで。

④**地上移動区間**：旅程全体で1回、地上移動区間の設定が可能。地上移動区間は、滞在時間にかかわらず1回の途中降機とみなされます。地上移動の2地点間は、総旅程距離マイル数（特典航空券の交換に必要なマイル数の計算に使用）に含みません。

●旅程の注意点

①**片道利用可**：片道旅程でも利用ができます。

②**旅程全体**：出発地と最終帰着地が異なる旅程や、出発地と最終帰着地が異

◀アメリカン航空ビジネスラウンジ（ＤＦＷ空港）
ワンワールドの共通ステイタス保持者は搭乗クラスに関係なく利用可能です。

なる国でも利用可能です。

③**出発地**：出発地へ戻りさらに出発地以外の都市へ行く旅程は不可。

④**出発国**：出発国へ戻り、さらに第三国へ行く旅程は組めません。

⑤**米国経由旅程**：米国経由または発着の旅程では一部は利用できません。

●申し込みの開始、期限と発券条件

①**申込開始日**：搭乗日の360日前（出発日含まず）午前0時（日本時間）から可能ですが、全区間の予約が取れることが発券条件です。そのため旅程上のすべての便が受付開始後の申し込みとなります。

②**申込期限**：WEBでは第一区間出発の48時間前（出発地時刻）まで。電話では第一区間出発の24時間前（出発地時間）までが期限です。コールセンターまたは支店の営業時間外の場合は、前営業日までが期限です。

③**キャンセル待ち等**：予約のキャンセル待ちと事前座席指定は不可。

④**マイル保有等**：特典予約を申し込み時点で、交換に必要なマイル数が口座にあることが条件で、マイル不足の場合は予約受付不可。予約が完了した時点で特典航空券の発行手続きを開始し必要マイル数を引き落とします。

⑤**燃油サーチャージなど諸費用**：諸費用（空港利用料等）や燃油サーチャージ（航空会社によって異なる）などを別途発券時に支払う必要があります。

◀フィンエアー機（ダブリン空港）
フィンエアーはワンワールド加盟の航空会社です。

◀ワンワールド特典航空券

●変更等や各種問い合わせ

航空券の有効期間（発行日から1年以内が旅行開始期限で、旅行開始日から1年間）内で搭乗日と搭乗便の変更が可能です。変更窓口はJMB専用ホームページかJMB会員専用国際線予約／JMBセンターとなり、通常の予約窓口とは異なります。提携航空会社特典航空券の各種条件は非常に複雑で、ホームページでの説明で不明ならマイレージ事務局に問い合わせ（問い合わせだけなら無料）ることをお勧めします。

●予約には事前の路線・就航便の下調べが必須

搭乗希望区間にワンワールド加盟航空会社の就航便の有無をワンワールドのホームページや世界一周運賃予約システムで調べ、自分のプランを作成してから予約しましょう。**旅程の事前作成なしの予約は非常に時間がかかり現実的ではありません。**

なおマイレージ電話窓口での相談や空席問い合わせは無料ですが、発券申し込みは有料となります。

ワンワールド特典航空券　交換マイル数

2025年3月現在
単位：マイル

区分	総旅程距離（マイル）	エコノミークラス	ビジネスクラス*1	ファーストクラス*2
1	1～4,000	25,000	48,000	72,000
2	4,001～8,000	40,000	80,000	100,000
3	8,001～10,000	50,000	85,000	110,000
4	10,001～12,000	60,000	110,000	160,000
5	12,001～14,000	70,000	115,000	165,000
6	14,001～20,000	90,000	120,000	170,000
7	20,001～25,000	120,000	150,000	230,000
8	25,001～29,000	140,000	190,000	280,000
9	29,001～34,000	150,000	200,000	300,000
10	34,001～50,000	160,000	220,000	330,000

*1アメリカン航空（AA）区間が2クラス便（エコノミークラス・ファーストクラスサービス便）の場合はファーストクラスを利用可。
*2マレーシア航空（MH）についてはファーストクラス特典の設定なし。

ワンワールド特典航空券　対象航空会社利用便一覧（日本地区会員対象）

提携航空会社	対象便
アラスカ航空	"AS"便名の以下運航便
	アラスカ航空（AS）、ホライゾン航空（QX）、スカイウェスト航空（OO）
アメリカン航空	"AA"便名の以下運航便
	アメリカン航空（AA）、アメリカンイーグル
ブリティッシュ・エアウェイズ	"BA"便名の以下運航便
	ブリティッシュ・エアウェイズ（BA）、BAフランチャイズ <Sun-Air of Scandinavia A/S（EZ）Comair Pty Ltd.（MN）>、子会社 <BA CityFlyer（CJ）>
キャセイパシフィック航空	"CX"便名の以下運航便
	キャセイパシフィック航空（CX）
フィンエアー	"AY"便名の以下運航便
	フィンエアー（AY）、Nordic Regional Airlines（N7）
イベリア航空	"IB"便名の以下運航便
	イベリア航空（IB）、Iberia Express（I2）、およびAir Nostrum（YW）
	※マドリード⇔バルセロナ間のシャトル便は利用不可。
マレーシア航空	"MH"便名の以下運航便
	マレーシア航空
	Firefly（FY）運航便は不可
カンタス航空	"QF"便名の以下運航便
	カンタス航空（QF）カンタスリンク
	※ジェットスター（JQ）、ジェットスターアジア（3K）、ジェットスタージャパン（GK）運航便は利用不可。
カタール航空	"QR"便名の以下運航便
	カタール航空（QR）
ロイヤル・エア・モロッコ	"AT"便名の以下運航便
	ロイヤル・エア・モロッコ（AT）、ロイヤル・エア・モロッコ・エキスプレス
ロイヤルヨルダン航空	"RJ"便名の以下運航便
	ロイヤルヨルダン（RJ）
スリランカ航空	"UL"便名の以下運航便
	スリランカ航空（UL）

※日本国内区間は日本航空（JAL）、日本トランスオーシャン航空（JTA）が対象。
※チャーター便、貨物便は利用不可。一部の例外を除き、コードシェア便は特典の対象外。
※対象とならない区間・便は今後予告なしに追加・変更される場合があります。

特典航空券でつかう⑧

ジェットスター・ジャパン（GK）特典航空券

●4500マイル（片道）から交換できる特典航空券

ジェットスター・ジャパン（GK）特典航空券は片道4500マイルから交換可能です。国際路線、国内路線のどちらにも交換可能で搭乗クラスはエコノミークラスのみ。利用区間で特典交換に必要なマイル数が決まります。

●ジェットスター・ジャパン便利用には全員写真付き身分証明書提示が必要

ジェットスター・ジャパンでは、すべての搭乗者（大人と一緒に搭乗するお子様や幼児も含む）が有効な身分証明書の提示が必要となります。有効な（期限が切れていない）写真付き身分証明書として、「写真付き住民基本台帳カード」、「パスポート」、「運転免許証（運転免許経歴証明書）」、「学生証」、「マイナンバーカード（通知カードは不可）」のいずれかが使用できます。

●利用上の注意点

(1)利用区間数：1特典で往復旅程（2区間）か片道1区間の利用可能。

●ポイント

❶利用者は全員「パスポート」、「運転免許証」、「学生証」などの身分証明書の提示が必要。

❷国内線A区間なら片道4500マイルから交換可能。

❸ジェットスター・ジャパン（GK）特典航空券の国際線予約はWEBでは不可。JMB会員専用国際線予約/JMBセンターでの予約で手数料が必要。

◀ジェットスター・ジャパン（GK）特典航空券

(2) 申込期限：国内線はWEBでは第一区間出発の48時間前（出発地時刻）まで。電話では第一区間出発の24時間前（出発地時間）までが期限。コールセンターまたは支店の営業時間外の場合は、前営業日までが期限。電話申し込みは航空券取扱手数料（5500円（税込））がかかります。

(3) キャンセル待ち等：予約のキャンセル待ちと事前座席指定は不可。

(4) 国際線はWEB申し込み不可：ジェットスター・ジャパン（GK）特典航空券での国際線予約はWEBではできません。JMB会員専用国際線予約／JMBセンターでの予約となり、手数料がかかります。

(5) 変更：航空券の有効期間内で搭乗日と搭乗便の変更が可能。搭乗者、区間、経由地の変更は不可。変更するには日程等の制約条件があります。

ジェットスター・ジャパン特典航空券　交換マイル数一覧

2025年1月現在

区分	必要マイル数	対象路線	
国際線	21,000 (10,500)	東京(成田)	上海、台北、香港、マニラ
		名古屋(中部)	台北、マニラ
		大阪(関西)	台北、香港、マニラ
国内線A区間	9,000 (4,500)	東京(成田)	大阪(関西)
国内線B区間	11,000 (5,500)	東京(成田)	札幌(新千歳)、旭川、高松、松山、高知、福岡
			長崎、熊本、大分、宮崎、鹿児島
			沖縄(那覇)、宮古(下地島)
		名古屋(中部)	福岡、沖縄(那覇)
		大阪(関西)	札幌(新千歳)、沖縄(那覇)
		福岡	札幌(新千歳)

＊()は片道旅程の交換必要マイル数

航空券やツアー購入につかえる各種特典でつかう①
ｅＪＡＬポイント特典

「ｅＪＡＬポイント特典」は**ＪＡＬグループ航空券とツアー購入に1ポイント＝1円相当として利用できる電子ポイント特典**です。

●利用対象はＪＡＬグループ航空券とジャルパックのツアー購入

「ｅＪＡＬポイント特典」が利用できる対象はＪＡＬグループの国内線航空券、ＪＡＬ国際線航空券、ジャルパックのツアー商品（海外パッケージツアー、ダイナミックパッケージ（国内・海外））です。

●マイル還元率はＪＡＬクーポンや他のパートナー特典よりも高率

「ｅＪＡＬポイント特典」は1万マイル＝1万5千ｅＪＡＬポイント（1万5千円相当）と交換可能です。**航空券の種類、購入時期を工夫すると、再度のマイル積算などを考慮して特典航空券より好条件なケース**もあります。

●ポイント

❶1万マイル単位で交換するとマイル還元率は「ＪＡＬクーポン」や「パートナー特典」よりも高率。
❷交換はＪＡＬホームページからのみ。いつでもマイルと交換し、即座に利用可能。有効期限（交換を行った日の1年後の同月末）は交換した時点からさらに自動更新で先に延びる。
❸航空券やツアー取消時にポイント口座に払い戻しができるが、現金やマイルとの交換は不可。

●申し込みと有効期限

「e JALポイント特典」はJALホームページからしか交換できませんが、いつでもマイルと交換し、即座に利用可能です。有効期限（交換を行った日の1年後の同月末）がありますが、**最後に交換した時点から有効なe JALポイント残高すべてが、最新の有効期限に更新**されます。

●他会員との合算利用やマイル併用は不可

複数会員のe JALポイントの合算利用や、マイルと合算利用はできません。

●払戻しが可能

航空券やツアー取消時に利用した「e JALポイント」を払い戻しできます。但しマイル口座へ戻すことや他の特典、現金に交換することはできません。

●制限事項に注意

(1)**海外パッケージツアー商品**をe JALポイントで支払うには、会員本人が代表者としてツアー参加が必須条件。
(2)**JAL国際線航空券購入**はJAL Webサイトで購入可能な日本発旅程の支払いにのみ利用可。
(3)**クレジットカードとの併用が可能**ですが、コンビニエンスストア支払い、ATM払い込み、インターネット振り込みとの併用はできません。

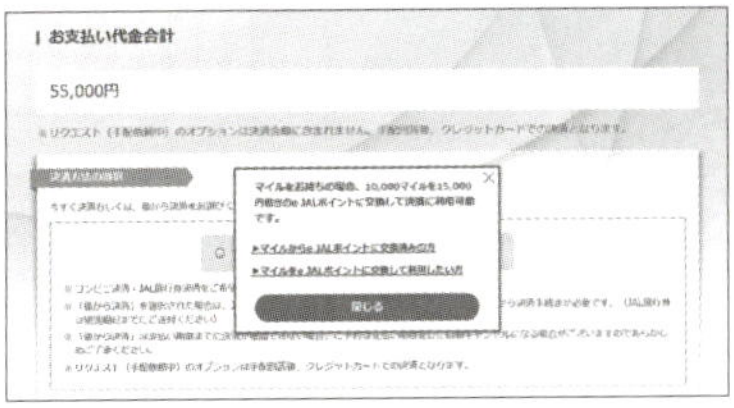

◀ダイナミックパッケージでの決済画面
e JALポイントがつかえるポップ画面が表示されます。

◀e JALポイント特典

航空券やツアー購入につかえる各種特典でつかう②

ＺＩＰＡＩＲポイント特典

ＪＡＬマイルはＪＡＬ系のＬＣＣであるＺＩＰＡＩＲの航空券やオプショナルサービスの事前購入などに利用できるＺＩＰＡＩＲポイントへ交換可能です。**ＺＩＰＡＩＲの航空券には燃油サーチャージが不要なのが魅力**です。

●ＺＩＰＡＩＲポイントを使うにはＺＩＰＡＩＲ Ｐｏｉｎｔ Ｃｌｕｂ入会が前提

ＺＩＰＡＩＲポイントへ交換しＺＩＰＡＩＲ航空券を購入するには、「ＺＩＰＡＩＲ Ｐｏｉｎｔ Ｃｌｕｂ」に入会（無料）し、会員になることが必要です。ＺＩＰＡＩＲ Ｗｅｂサイトのマイページ内で、「ＪＡＬマイルを連携」して紐づけすると交換できます。

●ＺＩＰＡＩＲポイントの交換率は交換単位で異なる

ＪＡＬマイルから**交換は三つの単位**（３千マイル＝３千ポイント、５千マイル＝５千ポイント、１万マイル＝１万５千ポイント）での交換となります。

●ポイント

❶ＪＡＬマイルはＪＡＬ系ＬＣＣのＺＩＰＡＩＲの航空券購入にＺＩＰＡＩＲポイントに交換利用可。
❷ＪＡＬマイルをＺＩＰＡＩＲポイントに交換するには、ＺＩＰＡＩＲ Ｐｏｉｎｔ Ｃｌｕｂに入会が必要。
❸ＪＡＬマイルからＺＩＰＡＩＲポイントへの交換は三つの単位があり、交換率では１万マイル単位が高率。

◀ＺＩＰＡＩＲポイント特典

JALMILEAGEBANK

航空券やツアー購入につかえる各種特典でつかう③

各種バウチャー&フライトクーポン

(1) Club Jetstar入会用バウチャー

ジェットスターの有料会員プログラム（jetstar.com限定）の入会費（通常の年会費：3980円／入会時および更新時の支払い）に充当できるClub Jetstar入会用バウチャーを、JALマイル2500マイルと交換できます。

●申し込み後送られるバウチャーを使い入会する

Club Jetstar入会へは、JALマイルを交換して約1か月後の届くバウチャーを使い入会手続きをします。

●Club Jetstarなら会員特別価格で購入可能

Club Jetstar会員は航空券の特別価格購入や先行予約、手荷物&座席指定20%OFFなどの特別待遇となります。

(2) ジェットスター・ジャパンフライトバウチャー

ジェットスター・ジャパン（GK）の運賃や手荷物や座席指定などの料金、付随する手数料や税金の全部または一部の支払いに利用できます。

●ポイント

❶Jetstar入会用バウチャーを、JALマイル2500マイルと交換可能。
❷ジェットスター・ジャパンフライトバウチャーとの交換は1千マイルと1万マイルの二つの単位で交換できるが交換率が異なる。
❸スプリング・ジャパンフライトクーポンのフライト・クーポンには、交換は3500マイル、7千マイル、1万マイルの三つの単位で交換。

◀Club Jetstar入会用バウチャー

●交換単位で交換率が異なる

マイルとの交換は1千マイル（1マイル＝1円相当）と1万マイル（1マイル＝1.5円相当）の二つの交換単位で交換率が異なります。

●有効期限に注意

バウチャーの有効期限はバウチャーが発行日から6か月（183日）で支払い合計が記載の額面に達するまで、数回にわたり利用可能。

(3) スプリング・ジャパンフライトクーポン

国内線と国際線を運航するスプリング・ジャパンの運賃などの支払い（全路線）に利用できるフライトクーポンです。

●交換単位で交換率が異なる

3500マイル（3500円相当のフライトクーポン）と7千マイル（7千円相当）、1万マイル（1万5千円相当）の三つの単位での交換となります。

●各種制約事項に注意

有効期限は6か月（183日）。1回の予約につき1枚のみ利用。おつりは出ないのでクーポンの金額以上の支払いに利用。

◀ジェットスター・ジャパンフライトバウチャー

◀スプリング・ジャパンフライトクーポン

JAL国際線アップグレード特典でつかう

ワンランク上の搭乗クラスへ変更できるサービスがアップグレードです。

JAL国際線アップグレード特典は**搭乗1区間ごとのマイル交換特典**で、区間とアップグレードされるクラスで必要マイル数が異なります。提携航空会社便のJALマイルによるアップグレード特典はありません。

●利用法と注意点

①運賃別の**予約クラスでアップグレード特典対象外の航空券があります。**

②アップグレード特典は1区間単位。

③申し込み期限：現地出発時刻の25時間前（WEB）、24時間前（電話）

④アップグレード特典利用時の搭乗マイルとFLY ONポイント：購入時の航空券の予約クラスに基づき積算。

⑤エコノミークラスからファーストクラスのアップグレードは不可。

⑥利用には購入済み航空券（アップグレード前のクラス）が必要。

⑦コードシェア便での利用不可。

⑧空席待ちが出発当日まで可能。

●ポイント

❶アップグレードとはワンランク上の搭乗クラスへ変更できるサービス。JMBではマイルと交換してマイレージ会員の誰もが利用できる。

❷運賃別の予約クラスによって、アップグレード特典の対象外の航空券もある。

❸JMBには国際線特典航空券の上位クラスへの変更を当日空港申し込みでのマイルを使ったアップグレードサービスがある。

◀JAL国際線アップグレード特典

⑨特典未使用でのマイルの戻し入れ手数料は無料。
⑩JALカード家族プログラムとJALファミリークラブ マイルプール特典に参加の家族は、交換に必要なマイル数の合算利用可。
⑪路線や期間によって本特典の利用でマイルの一部が戻るキャンペーンがあります。

●JAL国際線アップグレード特典 空港当日申し込みサービス

搭乗便出発空港搭乗手続きの際に希望の搭乗便の上位クラスに空席がある場合申し込みできるサービスです。必要なマイル数はJAL国際線アップグレード特典と同じです。**なお当日空港で空席がある場合は、「特典航空券」でもこのアップグレード特典が利用できます。特典航空券でアップグレードできるのはJALだけの特長です。**

JAL国際線アップグレード特典必要マイル数チャート（数量：マイル数、×：設定なし） 2025年3月現在

日本発目的地	エコノミークラス➡プレミアムエコノミー	プレミアムエコノミー又はエコノミークラス➡ビジネスクラス	ビジネスクラス➡ファーストクラス
ソウル、グアム、ウラジオストク	9,000	12,000	×
広州、上海、大連、天津、北京、香港、台北、マニラ	9,000	12,000	25,000
クアラルンプール、ジャカルタ、シンガポール、デリー、ベンガルール、ハノイ、ホーチミンシティ、バンコク	15,000	20,000	35,000
シドニー、メルボルン	15,000	25,000	38,000
フランクフルト、パリ、ヘルシンキ、ロンドン	20,000	33,000	48,000
モスクワ	15,000	25,000	×
ドーハ	15,000	30,000	45,000
コナ、ホノルル	15,000	25,000	30,000
サンディエゴ、ロサンゼルス 、バンクーバー、サンフランシスコ、シアトル、シカゴ、ダラス・フォートワース、ニューヨーク、ボストン	20,000	30,000	45,000

JAL国際線アップグレード特典対象予約クラス 2025年3月現在

アップグレード内訳	エコノミークラス➡プレミアムエコノミー	プレミアムエコノミー又はエコノミークラス➡ビジネスクラス	ビジネスクラス➡ファーストクラス
予約クラス	Y/B/H/K	W/R/Y/B/H/K	J/C/D/X

JAL MILEAGE BANK

JAL Payマイルチャージでつかう

「JAL Pay」は様々なチャージ方法が可能で、そのひとつが交換特典としてのJAL Payマイルチャージです。マイルから交換した「JAL Payポイント」を1ポイント＝1円で国内・海外でのショッピング決済や海外ATMでの現地通貨の出金に利用できます。

●異なるふたつの申し込み方法

(1)500マイルから交換には「JMBアプリ」を使う

「JAL Pay マイルチャージ」は、「JMBアプリ」からは最低500マイルから利用可能です。500マイルからのチャージには、スマホに「JMBアプリ」をインストールしておくことが必要です。

(2)WEBなら「JAL Global WALLETカード」でも利用可能

WEBでの申し込みなら、スマホ以外でも受け取りができます。日本地区会員かつ12歳以上の方が入会できる「JAL Global WALLET」が必要です。新規発行にはカードが届くまでに2～3週間程度かかります。

またWEB申し込みのマイル交換でのJAL Payポイントは、交換から

●ポイント

❶マイルから交換した「JAL Payポイント」を1ポイント＝1円で国内・海外でのショッピング決済や海外ATMでの現地通貨の出金に利用可能。

❷500マイルからのチャージには、スマホに「JMBアプリ」をインストールしておくことが必要。

❸WEBでの申し込みなら、スマホ以外でも受け取りができるが、「JAL Global WALLET」が必要。

◀JAL Payマイルチャージ

1週間程度で加算となります。

●交換マイル数によって交換率が変わる点に注意

JMBアプリでの交換は1回500マイルから可能ですが、交換率が1回1万マイル未満では交換マイル数が変わります。1回1万マイル以上の交換（1万マイル単位）は、1万マイル=1万1千JAL Pay ポイントです。チャージ上限が「JAL Payのコース」ごとに設定されています。JAL WEBサイト限定で、1万1千マイルから1千マイル単位で1万5千マイルまで交換可能です。

●「JAL Pay」の基本機能に注意

「JAL Pay マイルチャージ」の利用には、「JAL Pay」に付随するアプリ利用の諸条件に影響されますので、別項の「JAL Payでためる（P117）」を参照ください。

JAL Pay マイレージチャージ交換率

2025年3月現在

1回交換マイル数単位	交換後のJAL Pay ポイント数 JALNEOBANK口座なし	交換後のJAL Pay ポイント数 JALNEOBANK口座保有
500（JMBアプリ限定）	250	300
1,000（JMBアプリ限定）	500	600
3,000（JMBアプリ限定）	1,500	1,800
4,000（JMBアプリ限定）	2,000	2,400
5,000（JMBアプリ限定）	2,500	3,000
6,000（JMBアプリ限定）	3,000	3,600
8,000（JMBアプリ限定）	4,000	4,800
10,000	11,000	11,000
11,000（JAL Webサイト限定）	12,100	12,100
12,000（JAL Webサイト限定）	13,200	13,200
13,000（JAL Webサイト限定）	14,300	14,300
14,000（JAL Webサイト限定）	15,400	15,400
15,000（JAL Webサイト限定）	16,500	16,500
20,000	22,000	22,000

特集
特典航空券でヨーロッパ周遊の旅

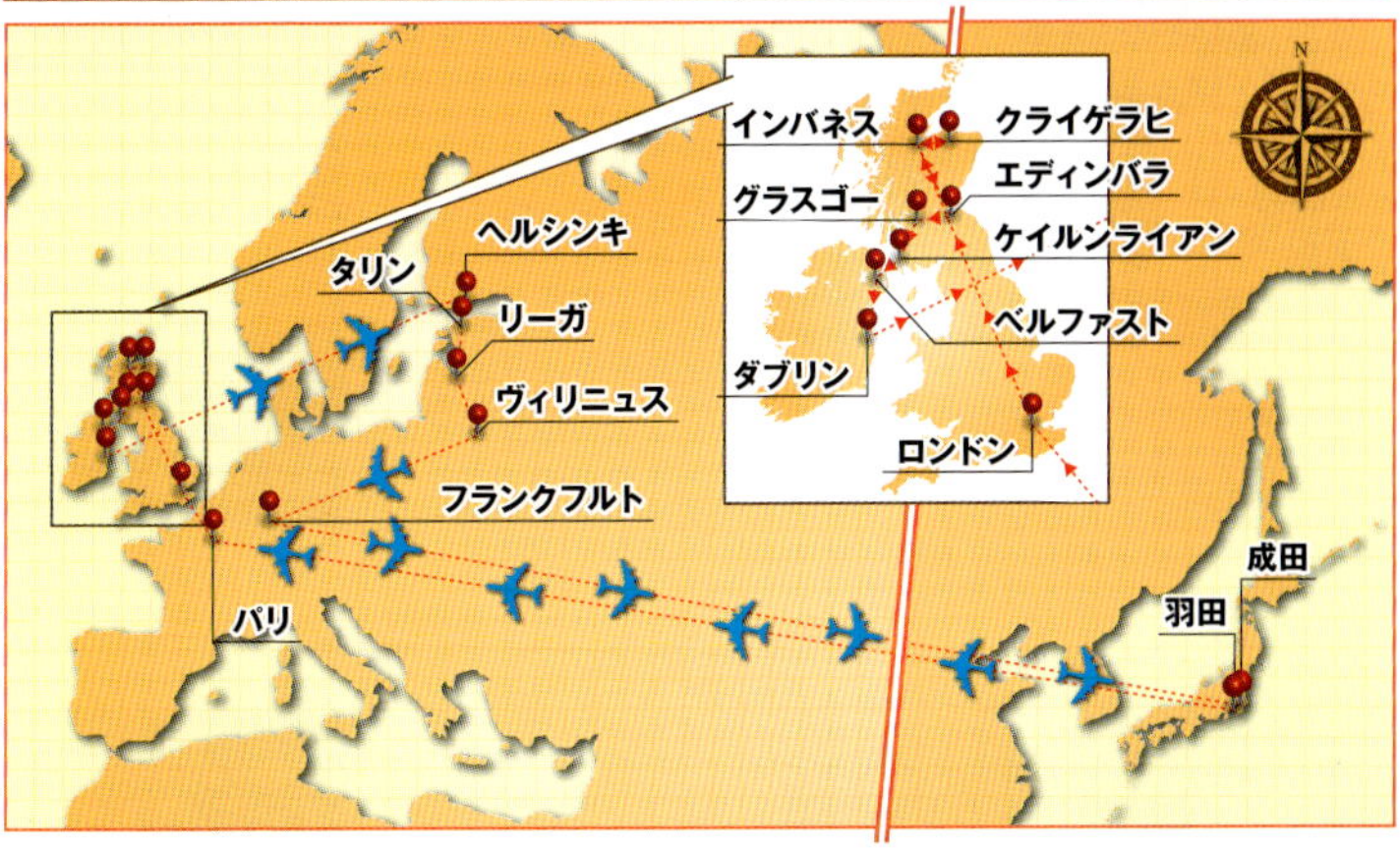

特典航空券を利用したヨーロッパ周遊の旅(2025年1月〜2月)　旅程表

年月日	曜日	出発地	交通手段	到着地	主な訪問先等
2025/1/31	金	羽田	エールフランス	パリ	特典航空券ビジネスクラス
		パリ		ロンドン	
2025/2/1	土	ロンドン滞在			ロンドン市内観光
2025/2/2	日	ロンドン	列車		カレドニアンスリーパー(シャワールーム付き個室寝台)
2025/2/3	月			インバネス	
		インバネス	レンタカー	クライゲラヒ	ウイスキー醸造所巡り・ウイスキー愛好家の憧れ/ハイランダーイン宿泊
2025/2/4	火	クライゲラヒ	レンタカー	インバネス	ザ・マッカラン醸造所
2025/2/5	水	インバネス	レンタカー	エディンバラ	ネス湖・アーカート城
2025/2/6	木	エディンバラ滞在			エディンバラ市内観光
202/2/7	金				
2025/2/8	土	エディンバラ	バス	グラスゴー	バス&フェリー通しチケット
		グラスゴー	バス	ケイルンライアン	
		ケイルンライアン	フェリー	ベルファスト	
202/2/9	日	ベルファスト滞在			ベルファスト観光
2025/2/10	月	ベルファスト	鉄道	ダブリン	ダブリン市内観光バス
2025/2/11	火	ダブリン	フィンエアー	ヘルシンキ	特典航空券(エコノミークラス)
2025/2/12	水	ヘルシンキ	フェリー	タリン	フェリー移動
2025/2/13	金	タリン滞在			世界遺産旧市街(タリン)
2025/2/14	土	タリン	バス	リーガ	国際路線バス
2025/2/15	日	リーガ	鉄道	ヴィリニュス	世界遺産旧市街(リーガ)
2025/2/16	月	ヴィリニュス滞在			世界遺産旧市街(ヴィリニュス)
2025/2/17	火	ヴィリニュス	フェリー	フランクフルト	ネット航空券現地購入
2025/2/18	水	フランフルト	日本航空		特典航空券ビジネスクラス
2025/2/19	木			成田	

寝台列車に乗ってスコッチウイスキーの里へ

①羽田空港第三
ターミナル
(2025年1月31日)

羽田空港のＡＦカウンターはすべて無人の自動チェックイン機でうろたえました。裏側から係員の方が出てこられて補助していただき助かりました。

②羽田空港第三
ターミナル
JAL SAKURA
ラウンジ
(2025年1月31日)

しばらく日本食ともお別れなので、ラウンジで牛丼をつい大盛にして食べてしまい、機内食を残すはめになりました。

③寝台列車カレドニアンスリーパー
ロンドン・ユーストン駅一番線
(2025年2月2日)

念願だった食堂車付き寝台列車。個別のシャワー室も付いている優れもの。土曜日以外、毎日運行していて、どこかの国の超バブル料金の観光寝台列車とは大違いです。

④ハイランダーイン
日本人経営のウイスキー愛好家
向けホテル（スコットランド）
(2025年2月3日)

事前予約できずに飛び込みでの投宿で泊まれて幸運でした。当夜は一室だけ空きがあったのです。

⑤ハイランダーイン
スタッフ諸兄と記念写真
(2025年2月3日)

地下のバーで、オーナーの皆川氏（左）とアシスタントの三浦氏（右）との記念写真。ウイスキー談義で盛り上がりました。

⑥人気のウイスキー醸造所訪問
マッカラン醸造所
(2025年2月4日)

超人気のマッカラン醸造所は、予約なしでは入場できません。ここだけは出発前に日本からネット予約を取り、万全の体制で訪問しました。

ハリー・ポッターとタイタニックゆかりの地を巡る

⑩タイタニックベルファスト
（タイタニック博物館）
（2025年2月9日）

ベルファスト港近くに、映画で再び世界的に脚光をあびたタイタニック号の博物館がありました。ここに限らずイギリスの観光名所はどこも入場料が高額です。

⑦ネス湖と湖畔の古城
アーカート城
（2025年2月5日）

レンタカーの旅は、自由な時間で動けて機動力があります。ネス湖を回ってから、エディンバラへ一日で約400キロ移動しました。荒涼とした湖と湖畔の古城に旅情を感じます。

⑪イトリニティー
カレッジと
ケルズの書
アイルランド
ダブリン
（2025年2月10日）

ダブリンで最も人気のある観光名所です。観覧申し込み（有料）はアプリで予約するのが主流です。新しいデジタル・アトラクションもある、現役の国立大学内の施設です。

⑧ハリー・ポッターゆかりのカフェ
エレファントハウス
（エディンバラ・ヴィクトリア通り）
（2025年2月6日）

家内の大好きなハリー・ポッターゆかりのカフェでお茶しました。

⑫ダブリン空港
ターミナル1
ラウンジ
（2025年2月11日）

ヘルシンキまでの搭乗便はフィンエアーなので、ワンワールド上位会員が入館可能なT1ラウンジで休憩しました。食事メニューが充実しているラウンジでした。

⑨ベルファスト市公会堂
館内展示のタイタニック号模型
（2025年2月9日）

入場無料の市公会堂は人気の観光施設です。館内にベルファストで建造されたタイタニック号の展示コーナーがありました。

バルト三国を周遊し、帰国の途へ

⑬バルト海
フェリー
フィンランディア号
（2025年2月12日）

ヘルシンキから約2時間半のフェリーでの船旅です。クルーズも可能な、館内設備が整った大型船が就航しています。

⑭エストニア・
タリン旧市街
聖ニコラス教会
（2025年2月13日）

世界遺産のタリン旧市街にある観光案内所の目の前にある教会です。博物館も併設してあり、入場料を払うと館内のエレベータで搭の上部の展望所に上がることができます。

⑮ラトビア・リーガ旧市街
聖ペトロ教会展望台からの眺め
（2025年2月14日）

チケットを買い教会内のエレベータで展望台に上がると、リーガ市内を一望できます。

⑯リトアニア・
ヴィリニュス
テレビ塔
（2025年2月16日）

リトアニア独立運動での「血の日曜日」事件の舞台となったテレビ搭です。市内からかなり離れているのでタクシーで行きました。

⑰JAL SAKURA
ラウンジ
（フランクフルト
空港）
（2025年2月18日）

フランクフルトのワンワールド共通ラウンジはJALのSAKURAラウンジでした。欧州地区でJALが運営する唯一のラウンジで、日本人スタッフの方が常駐していました。

⑱JAL 帰国便ビジネスクラス機内食
（JL408便）
（2025年２月18日）

帰国便の機内食では迷わず和食を選びました。久々の和食で、やっと3週間の長旅も終わりに近づいたことを実感しました。

実録 特典航空券でヨーロッパ周遊の旅 究極の自由旅程にチャレンジ

この旅行記はJALマイルで最大の利用価値がある特典航空券を、筆者が使ってみての体験記です。実際は本書の各項目での提言の通りにはなかなかいかないことを、包み隠さずに記述しました。道中の失敗例も一つの参考としてご理解ください。読者の皆様のマイルを使った旅行のヒントしていただきたく思います。

その1 特典航空券交換と旅行計画

場当たり的な旅行計画で特典航空券確保に頓挫

2024年の年初には、その年の年末から翌年にかけてJMBの特典航空券を使って念願の南米旅行をしたく思っていました。しかしその年は春になっても旅行期間を捻出するための仕事の段取りがうまくいかず、特典航空券の手配にも気合が入らないまま、無為に時間が経過していきました。秋になってようやく仕事の見通しもつき、当初予定した南米行きの特典航空券を予約し始めました。しかしこの時点では、予約取りは完敗でした。エコノミークラスでも全く南米方面では空席がとれません。結局方針を変え、ヨーロッパで今まで行ったことがない地域に行くことにしました。その過程でイギリスの寝台列車カレドニアンスリーパーに乗ることができればよいと思って検索をしていたところ、運よく冬季早割キャンペーンで格安切符を予約できたので、その日程にそって特典航空券をあたっていくことにしました。

ビジネスクラス特典航空券は競争激化

再度特典航空券の予約を開始してみると、オフシーズンに拘わらず、ヨーロッパ方面のビジネスクラスの特典航空券を最低マイル数で予約できる日程は思い通りになりません。運よく、行きは1月31日羽田発のエールフランス便でのパリ経由ロンドン便を、帰国便は2月19日発（日本着は翌日2月20日）フランクフルト発にJAL便での成田便を最低マイル数で二人分予約でき、2月21日には先約の業務打ち合わせがあるので綱渡りの日程になりますが、これで無事にビジネスクラスでヨーロッパ往復ができることになりました。特典航空券を予約する過程で、ウクライナ問題での遠回りや燃料問題、空港スタッフの人手不足などの諸情勢で、提携航空会社も含め日本と欧州間の路線はコロナ以前の水準までに増便は進んでいないことを知りました。

そして座席数が増えていないのに対し、インバウンド客の増加にともない、国際線の特典航空券の需要が増加傾向にあったのを見逃していました。新型コロナウイルス感染の世界的拡大で3年近く海外へ観光旅行に行けない時期が続き、特典航空券攻略の感覚が錆びついていたのを反省しました。やはりビジネスクラス特典航空券は予約開始日直後の早い時期でないと予約が取りづらいことは変わっていません。むしろビジネスクラスやファーストクラスでの特典航空券は入手が増々むずかしくなっていたのです。今回は往復便の間の現地での日程は、あらかじめ旅程をきめず大まかな訪問地を想定するだけにして、現地で移動手段を確保する究極の自由旅程に挑戦することにしました。

その2 カレドニアンスリーパー&スコットランド

寝台列車での夜間移動は至福の旅

今回の旅行先にまずスコットランドを選んだ一番の理由は世界的に人気の寝台列車カレドニアンスリーパーの存在です。幸運なことに、年末の特別セールで格安乗車券をネット購入できました。そのことでスタートをロンドンからとし、その後の日程は行先で変更可能な自由旅程で行くことに決心がつきました。終着駅をインバネスにしたのは、スコットランドでは以前から興味があったハイランド地区のウイスキー醸造所めぐりに便利な観光拠点都市であり、今後年齢的に制約が出てくるレンタカー利用のことも考慮して、この地をスタート地点と決めました。寝ているうちに、700キロも移動できる寝台列車は至福の旅を叶えてくれました。

幸運なウイスキー愛好家向けホテルへの投宿

さてレンタカーをインバネスで借り、3日目にエディンバラで返却することは決めましたが、途中の旅程は未定のまま現地に入りました。泊まる場所は、道中で雰囲気の良いB&Bを見つけて飛び込みで泊まろうと考えたからです。これが自由旅行の醍醐味です。ハイランド地方の有名なウイスキー醸造所が集中しているスペイサイド地区にハイランダーインというウイスキー愛好家に人気の宿があることは、ネット検索で知っていました。残念ながら大まかな日程が決まった出発直前の時点では、このホテルのネット予約では空室がなかったのです。しかし実際直接行ってみて幸運なことに当夜は1室だけ空きがあり、規定室料で泊まることができました。ホテルスタッフの三浦さんから近くの醸造所事情をレクチャーしてもらい、推奨の醸造所見学に出かけました。冬季は陽も短く、2か所の見学だけに終わりましたが、的確なアドバイスがもらえ、満足できる醸造所訪問となりました。夕食をホテルで済ませ、そのあとはめずらしい地酒（ウイスキー）を堪能でき、オーナーの皆川さんとアシスタントの三浦さんとウイスキー談義に花が咲きました。今から40年以上前にロサンゼルスの米国人友人宅で飲ませてもらったシングルモルトがきっかけで、私がウイスキーにのめり込むことになったことを思い返しました。二十数年前には、イギリス出張の休暇日にアイラ島のウイスキー醸造所巡りをして、さらに興味を持つようになりました。

マッカラン醸造所で知る巧みな経営戦略

マッカランは人生で最初に飲んだ思い出深いシングルモルトウイスキーです。その後高級ウイスキーの一番人気ブランドになり、今やスコッチウイスキーの最高峰になりました。その醸造所ですから人気の程は半端ありません。世界中からウイスキー愛好家が訪れる観光名所になったせいで、見学は完全予約制です。今回は旅程上都合のよい日時に予約が取れ、訪問できたのは幸運でした。その日はシーズンオフでしかも本来は休業日なのですが、なぜかゲスト向けのストアだけ見学可能だったのです。ほぼ貸し切り状態で案内をしてもらえ、至福の時間をすごせました。一番印象に残ったことは、マッカランの大発展は差別化戦略によるブランド力の強化を主眼とした巧みな経営戦略の歴史でした。数あるスコッチウイスキーの中で一つのローカルブランドが、世界のアルコール飲料の頂点に上り詰めた、その企業行動のあり方は、衰退してきている日本の製造業にとって、局面打開のヒントが満載されていると思いました。

海外でのレンタカー利用の醍醐味

人生最初の海外旅行でカナダに行ったとき、国際免許の用意をしていなかったにも拘わらずレンタカーを借りられ、雄大なカナディアンロッキーの観光名所をクルマで周れました。それ以来海外レンタカーの虜になり、出来る限り旅程に加えること実践してきました。イギリスは日本と同じ通行区分で運転しやすく、ランドアバウトにも慣れていたので真っ先に予約しました。アイルランドでも借りたかったのですが、途中で日程不足となり実現できませんでした。コロナ以降従来から利用していたハーツの利用料が高騰しまい、前回アイスランドで初めて使った格安レンタカーのS I X Tが良かったんで今回も利用しました。しかし無料だと思ったアップグレードが実は有料で、なんやかんやで結局高くつきました。でもスコットランドの雄大な風景を間近に感じるドライブができ、偶然にもその昔夏目漱石が避暑に行った景勝地ピトロッホリー村でドライブ休憩ができたのも、レンタカーで移動したから出来たことです。レンタカーの返却地のエディンバラは、だいぶ以前に仕事で半日しか滞在したことがありませんが、今回は日程調整地で3日間滞在してことで、主だった観光名所を見学できました。

その3　ベルファスト&ダブリン

自由旅程の功罪

今回はインバネスから先、帰国便の搭乗地フランクフルトまでの期間（約2週間）は、現地で宿泊先や移動手段を選ぶ全くの自由旅程としましたが、一人ならいざ知らず、老夫婦二人での個人旅行は、お互いのストレートな意見の調整が結構な難関でした。私自身は荷物は機内持ち込みできるサイズにしたのですが、長旅では女性はそう簡単に軽量化できません。家内の重いトランクは私の担当で、動きの鈍さが大きな制約でした。現地で入手する情報は量と質の両面で有利で、宿泊費や移動代金は節約できると踏んだものの、予想以上に予約・購入のデジタル化が進み、スマホを利用した手続きが煩雑で往生しました。そのために多くの労力がかかり、効率の面からは功罪半ばといった結果でしたが、自由日程だったので日程調整が柔軟に可能なため、旅費の多くを占める移動費と宿泊費が現地調達でかなり安くできたと思います。エディンバラからベルファスへの移動も都市間バスとフェリーなので時間はかかったものの、航空機にくらべ格安でした。ホテルも週末は室料が跳ね上がるので、バジェットタイプの中堅チェーンホテルを安価な事前購入プランで使えました。

紛らわしいチェーンホテルの館名にご注意

昨年末に行った韓国ソウルでは、似通ったチェーンホテル（IBIS）の館名を取り違え、チェックインに苦労しました。そんな経験があるにも拘わらず、ベルファストでもまた同じ愚行を繰り返してしまいました。世界的ホテルチェーン（アコーホテルズ）のブランドのひとつIBIS（イビス）には、これに加え派生ブランドのIBIS BUGETとIBIS STYLEがあり、ロゴマークの色も違います。予約時にこの区別を知らずにいたから哀れです。その上、ベルファストには同じBELFAST CITY CENTREというホテル名がIBIS とIBIS BUGETの2軒あったのです。日本でもアパホテルなら館名に新宿が付くところは10か所以上あるのですから、つくづくチェーンホテルの館名はしっかりメモに書き留め、できれば住所を確認する位の慎重さが必要なんだと肝に銘じました。

入場料の高さに悲鳴

さて観光につきものの施設入場料ですが、イギリスやアイルランドでは、日本的な感覚からすると、どこも馬鹿高いのです。有名所は最低でも20£（約4千円）はします。これが毎日数か所ともなると半端ない出費です。ダブリンの市内周遊観光バスでは、渡されたマップには入場無料の場所のマークが記載されていました。私たちもエディンバラ観光の途中から、入場料を払って観光する施設は、絶対にはずせない一か所にして、後は無料の施設か外観の記念写真にすることにしました。観光が盛んな諸国では、自国民以外の外国人観光客から高額な施設利用料を徴収しています。国民は施設の保全に何等かのカタチで費用負担をしているのですから、日本でも同じように外国人観光客には、入場料徴収の差別化を検討すべき段階なのではないでしょうか。

アイルランドという国を再認識

今や世界中の発展途上国もインフラ整備が進み、後進国なんて言葉は死語になりつつあります。しかし先入観というものは恐ろしいものです。私は長いこと、アイルランドは隣国の大国イギリスに比べて、米国への移民が多い貧しい国という印象を持っていました。今回訪問することになって改めて国情を調べてみて驚きました。アイルランドは今や一人あたりの国民所得では世界第4位で、26位までになり下がった日本にくらべ堂々たる先進国なのです。道理でダブリンで見た各種施設は立派で、様々な環境整備が進んでいました。ブレグジットで減衰したイギリスに対し、EU加盟の恩恵を最も受けた国で、躍進が著しく未来も明るく感じました。

その4 バルト三国&帰国

終盤旅程をバルト三国にした理由

ダブリンまでの旅程を決定した時点（エディンバラ滞在時）になって、その先の訪問地を検討しました。帰国は2月18日フランクフルトからのJAL便利用なので、確実を期すためフランクフルトに前泊する必要がありますが、それまでの1週間をどういうルートで旅行するか、まったくの白紙状態でした。漠然と今まで行ったことないフランスの地方都市やイタリア南部なども候補しようかと思っていましたが、ダブリン発のJMBの特典航空券を利用した移動は、選択肢があまり多くありません。色々な路線をあたりましたが、希望期日も直近過ぎて特典航空券での2名分の空席確保は極めてむずかしい状態でした。その中で唯一日程的にも適合したのが、2月11日のフィンエアーのダブリン→ヘルシンキのAY1386便のエコノミークラス特典航空券でした。以前バルト三国に入るルートを検討していた時、ヘルシンキ→タリン間はフェリーが安価で便数も多く、ターミナルへの移動が容易だと知りました。そこでバルト三国への経由地をヘルシンキに定め、JMBで特典航空券を探した結果、運よく搭乗1週間前でしたが入手できました。バルト三国も今まで行ったことがない国（地域）でしたので、今回の旅行目的に適った訪問先だったのです。

今も残るロシアの影

元ソ連の構成国だったバルト三国は、ウクライナ紛争の余波で独立維持に対する緊張感が高いと思っていました。今回訪問した三つの首都は平穏ではありましたが、かつて宗主国だったロシアとの関係は複雑に感じました。エストニアの首都タリンのバスターミナルからは、今もサンクトペテルブルクとの定期便が運行されていて、往来が絶えていません。リトアニアはロシアの飛び地領土のカリーニングラードへの鉄路が自国内を横断しています。私たちが滞在していた時期には、現地で見たBBCニュースで、バルト三国がロシアから電力線を遮断し、EU側からの電力供給に切り替えたことを知りました。ロシアの影がまだ色濃く残っている現実を、現地で目の当たりにしました。

改めて意識し直した日本をとりまく国際情勢

帰国してからTVのニュース番組等で伝えられるウクライナ情勢を見るにつけ、ロシアと国境を接する我国の外交上の問題を強く意識するようになりました。今も北方領土問題は未解決であり、バルト三国で感じたロシアの影は、実は日本にとっても他人事ではないのです。海外旅行は単に風光明媚な観光地を見て回るだけではなく、自分の国を見直すよい機会なのだと、改めて感じます。そしてこれからの人生へ多くのヒントをもらえた気がしました。

JALMILEAGE BANK

JALクーポンでつかう①

JALクーポンのメリットと注意点

「JALクーポン」とはJAL及び関連企業での支払いにつかえる多目的な金券タイプの紙製クーポン特典です。1万マイル以上1万マイル単位（2千円券6枚、1万2千円相当額）から交換できます。

●マイルの実質的な利用価値を約1年先延ばしできる点に注目

「JALクーポン」の期限は引換申込受付日の翌月から起算して、起算月を含めて13か月後の月末なので、マイルの有効期限間際で交換すると、マイルの利用価値を約1年先まで延長できる効果があります。

●質的に家族のマイルを合算利用

JMBではJALカード家族プログラムに加入しなければ、家族のマイルを合算できません。「JALクーポン」は利用資格者であれば異なる名義の「JALクーポン」を合わせて利用できるので、会員が個別に申請入手して一緒に使うと実質的に家族のマイルを合算して利用できることになります。

●ポイント

❶1万マイル(=1万2千円相当)で交換できる多目的な金券タイプの交換特典。
❷家族が交換したクーポンも一緒につかえるので、実質的にマイルを合算して利用できる。
❸マイルの有効期限直前に交換すると、マイルを約1年延長して使える効果がある。

●マイルが再積算されるものとされないもの

「ＪＡＬクーポン」で支払った航空券での「ＪＡＬグループ便への搭乗や、マイルが貯まる機内販売に利用すると、特典航空券ではつかないマイルが再積算されます。宿泊に「ＪＡＬクーポン」がつかえる施設での利用でホテルマイルやレストランマイルは再積算対象外です。

●「ｅ ＪＡＬポイント」より利用範囲が広いが交換率が低い

「ＪＡＬクーポン」はＪＭＢの電子ポイント特典である「ｅ ＪＡＬポイント」より、ＪＡＬ関連の企業での支払いにつかえる範囲が広い反面、当初よりも交換率が低下し、１マイル＝1.2円相当となりました。用途によっては、同じ１万マイル単位で交換の「ｅ ＪＡＬポイント」を使う方が有利です。**また現在は、ツアー商品（国内、海外）には「ＪＡＬクーポン」はつかえません。**

●注意事項

①「ＪＡＬクーポン」を不使用でも、マイル口座に戻すことはできません。
②利用券の額面は１枚２千円単位で、利用額が下回ってもおつりはもらえません。また返品でマイル払い戻しもできません。

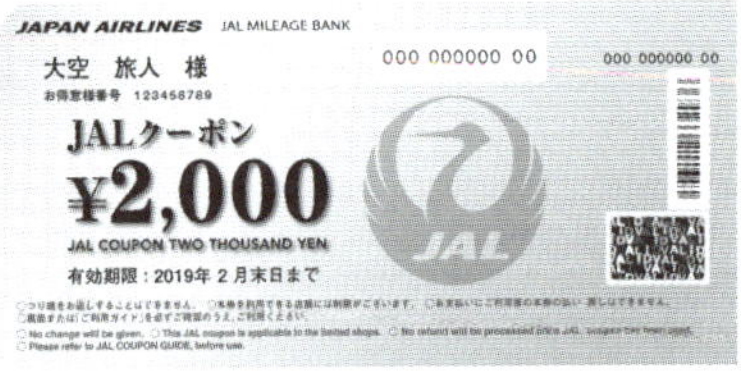

◀ＪＡＬクーポン
ｅ ＪＡＬポイントより用途が広いのが特長です。

◀ＪＡＬクーポン特典

JALクーポンでつかう②
航空券購入

●国内線オープン券の支払いの利用可能

JAL国内線特典航空券は予約がとれないと交換できませんが、「JALクーポン」の国内線航空券購入では、Webでのみ購入可能な運賃を除く全種のJAL国内線航空券が購入対象なので、JAL国内線のオープン券も購入できます。

●JALクーポン利用時の注意事項

①利用者の事情による取り消しでの払戻しはできません。
②国内線航空券はJALグループ航空会社国内線に限定です。
③国際線航空券ではJAL国際線区間を含む航空券の支払いに利用可能。
④電話申込の国際線航空券発券には手数料が必要。
⑤利用便変更に払い戻しが発生する場合のクーポンは無効になります。
⑥一部空港や運賃種別では利用できないものがあります。

●ポイント

❶クーポンで購入した航空券では特典航空券では獲得できないマイルやFLY ONポイントが獲得できる。
❷期間、路線等やサービスステイタス会員資格等の条件次第で、マイルの利用価値が特典航空券より有利になることもある。
❸「JALクーポン」で購入した航空券の払い戻しは不可。

◀JALクーポンを航空券でつかう

JALクーポンでつかう③
宿泊施設

ホテルマイルや温泉マイルは再積算されません

「JALクーポン」で支払いした場合は、JALマイル積算対象ホテルでもホテルマイルが積算対象外です。

●オークラ ニッコー ホテルズでつかう

旅行会社経由(旅行会社のインターネット予約サイト、WEB系の旅行会社含む）の予約では「JALクーポン」での支払いはできません。またホテルでの飲食代金に使用した場合は、レストランマイルの積算対象外です。海外にあるホテルでも利用可能です。

●ニッコー・アライアンス・ホテルズでつかう

アウトリガー・ホテルズ&リゾーツ傘下の五つのホテルが対象です。「JALクーポン」は宿泊代の精算にのみ利用でき、諸税、サービス料、レストラン含む宿泊以外の利用分は対象外です。JMBのホームページから専

●ポイント

❶宿泊利用では、JALマイル積算対象ホテルでもホテルマイルが積算対象外。
❷レストランマイル対象のホテルでの飲食代金に使用した場合も、マイル積算対象外。
❸温泉マイル対象の宿泊施設でつかえ、宿泊料金、日帰りプラン料金（一部または全額）にのみ利用可能。旅行会社経由の予約は対象外。

用の予約サイトを利用します。宿泊代金はすべてUSドルで現地にてチェックアウト時の精算となり、「JALクーポン」利用の換算レートはホテルが定めた換算レートとなります。ニッコー・アライアンス・ホテルズの加盟ホテルは、One Harmony会員プログラムには不参加で、その特典はすべて対象外です。

●温泉マイル対象の宿泊施設でつかう

「JALクーポン」はJAL温泉マイル対象の宿泊施設の宿泊料金、日帰りプラン料金（一部または全額）に利用できます。施設内の飲食店、売店での利用、入湯税にはできません。旅行会社経由の予約は対象外です。事前にネット決済で支払いの場合も「JALクーポン」は利用できません。利用できる施設は三つのタイプがあり、温泉マイルのホームページでアイコン別に表示されます。⑴全プランタイプ：施設公式サイトに掲載の全プランで「JALクーポン」が使えます。ただし現金限定プランで予約の場合は利用不可。⑵一部プランタイプ：温泉マイルサイトで紹介のプランに加え、施設公式サイトの一部のプランでも「JALクーポン」対象プランがあります。⑶温泉マイルプラン限定タイプ：サイトに掲載のJALクーポン対象プランのみ利用できます。

◀温泉マイル（ホームページ）マイルで温泉旅館に泊まれます。

◀JALクーポンを宿泊施設でつかう

JALクーポンでつかう④

空港店舗・免税品・機内販売・その他

使用できる物販やサービスが改廃

「JALクーポン」がつかえる各種の物販施設や対象サービスが、前作発行時（2023年）から、かなり変更がありました。新しい利用施設として、JAL系の空港売店で以前のように利用できることが復活し、さらにJAL Agriportが加わりました。それに対し、通販（Jalux）や特定商品の販売利用は廃止となりました。

●空港店舗「JAL PLAZA」「JAL - DFS」

空港店舗「JAL PLAZA」での商品購入につかえます。また羽田空港、成田空港にある「JAL - DFS」での免税品など購入にもつかえます。その場合はJALカードの割引などの併用はできません。

●機内販売

機内販売ではJAL便とJTA便で利用可能です。プチJAL SHOP

●ポイント

❶利用時のJMB会員やJALカード会員のマイル積算や割引は利用対象で個別異なる。
❷以前できた通信販売商品での利用は対象外となった。
❸JAL系空港売店「JAL PLAZA」で「JALクーポン」の利用が可能。

（国内線機内販売専用申し込みはがき）には利用できません。

●JAL Agriport レストラン・農園での利用

千葉県に展開するJAL Agriport でのレストランおよび農園で利用できます。通販サイトでは利用できません。「JALクーポン」使用時が各種割引との併用はできません

●空港宅配配サービスや空港送迎サービスでの利用

成田国際空港 第1ターミナルカウンター、成田国際空港 第2ターミナルカウンター、羽田空港 第3ターミナル、関西国際空港、中部国際空港のABCサービスでの空港宅配配サービスや レンタルモバイルサービス（携帯電話、WiFi）コート・手荷物預かりサービスに「JALクーポン」が使えます。その場合はマイルの積算はありません。インターネット予約は、インターネット割引が適用されるため、JALクーポンは利用できません。JALクーポン利用の場合は、通常料金での案内です。新千歳空港は対象外です。また空港送迎サービスとして東京MKタクシー 羽田空港・成田空港送迎サービスにも利用できますが、事前の予約が必要です。

◀伊丹空港 御翔印
伊丹空港のJAL PLAZAで購入できます。

◀JALクーポンを空港店舗でつかう

JALクーポンでつかう⑤

JALクーポン・クーポンレス決済サービス

JALグループ航空券に利用

「JALクーポン」は申し込みから会員の手元に送られてきて利用できるまでに最低でも1週間程度（年末年始などなら2～3週間）の期間がかかります。その手間を省いてホームページや電話で利用したいサービスにつかえるのが、「JALクーポン・クーポンレス決済サービス」です。現在ではJALグループ航空券購入（国内線、国際線）に利用できます。なおこのシステムを使った交換特典として、「JALとっておきの逸品・JALふるさとからの贈りもの」、「JMBワールドマーケットプレイス」などがありますが、別項目で解説します。

●ポイント

❶クーポン入手の手間を省いて航空券の支払いを電話やネットで利用できるサービス。
❷利用対象商品や申し込み窓口は年々変更されているので、利用時には最新のホームページを参考に利用する。
❸「JALとっておきの逸品・JALふるさとからの贈りもの」や「JMBワールドマーケットプレイス」なども同じシステムを利用。

◀JALクーポン・クーポンレス決済サービス

電子マネー特典（WAON）でつかう

JAL MILEAGE BANK

「電子マネー特典（WAON）」はJMB／WAON会員限定の特典です。JMB／WAON会員には簡単な手続きで誰でも入会でき、JMBカードからの切り替えが無料です。

●規約では年間交換数に上限あり

「電子マネー特典（WAON）」は、規約上では他のパートナー特典と同様に年間上限交換数の制約が年度内最大2万マイルとなっていて、交換率も1万マイル＝1万WAON（1万円相当／1マイル＝1円相当）です。ただし本書執筆時点（2025年4月）では従来から延長されているキャンペーン期間（2025年9月30日締切）で、特別交換レートの適用（最大1マイル＝1.25円相当（1回で4万マイル交換時）や最低交換マイル数（3千マイル）など異なる条件ですが、今後のこの条件が続くかは不明です。

●交換時の注意事項

(1)交換特典にはJMB WAON提携カードかモバイルJMB WAONアプリが必要です。これ以外のWAONカードでは受取できません。

●ポイント

❶キャンペーン期間は4万マイル＝5万円相当と1マイルあたり1.25円で交換可能。ANAの電子マネー特典より有利。

❷他のパートナー特典との併用で年間上限交換数の制約もない独自特典。年間一定数以上の交換時に、交換率が低下しない。

❸交換直後から利用できず、24時まで申し込みの特典交換分について、翌々日6時以降にダウンロード可能。

(2)交換直後から利用できません。24時まで申し込みの特典交換分について、翌々日6時以降にダウンロード可能となります。

●受取（ダウンロード）方法

(1)カードによる受取は、各地のWAONステーション、イオン銀行ATM、WAONチャージmini に加え、iPhone向け WAONステーションアプリやAndroid向け iAEONアプリでの「WAONステーション機能」が使えます。

(2)ケータイアプリでも受取が可能です。

(3)受取期限（最長約1年～最短約6か月）があることに注意しましょう。

●受取上限額に注意

WAONの上限額は5万円です。特典交換したWAONをカードにダウンロードする際は上限額までです。WAONステーションやモバイルJMB WAONアプリにおいて1回の操作でダウンロードできる金額は4万9千円が上限です。2017年10月18日以前に発行されたカードにおいては、1回の操作でダウンロードできる金額は2万9千円なので4万9千円への変更は会員自身で手続きします。2011年4月1日以前のカード上限金額は2万円ですが、会員自身がWAONステーションにて5万円に変更可能です。

◀WAONステーション
電子マネー特典（WAON）のチャージができます。

◀電子マネー特典（WAON）

JAL MILEAGE BANK

パートナー特典でつかう

「パートナー特典」は様々な業種の提携企業との交換特典です。クーポン・ギフト券タイプとポイント交換タイプの二つタイプに大別できます。パートナー特典の大多数は日本地区会員限定ですが、海外地区会員が利用できる特典もあります。交換に「ワンタイムパスワード」認証が必要です。

●一部特典は特定の提携カード対象に限定

Suica特典等一部のパートナー特典は特定のJMB提携カード会員またはJALカード会員のみ利用できる特典である点に注意して下さい。

●TOKYU POINT複数種カード所持者の利用条件

マイルからTOKYU POINTへ交換する場合、JALカード TOKYU POINT ClubQとTOKYU CARD ClubQ JMBの両方を所有の会員の交換先カードは、JALカード TOKYU POINT ClubQが優先されます。

●ポイント

❶Suica特典等一部のパートナー特典は特定のJMB提携カード会員またはJALカード会員のみ利用できる特典。
❷パートナー特典の組み合わせで交換率の減少は、2023年4月以降廃止となった。
❸キャンペーンや会員資格で交換率が異なるものがある。

●一部特典の交換数上限と有効期限・申し込み中断に注意

同一年度（4月1日〜翌年3月31日）においてに交換できる回数（交換マイル数）の上限があるものがあります。なお特典の多くには、交換後の利用に有効期限の設定があります。また一部の交換特典には一時的に申し込みがWEB上で中断の表示になっているものがあります。

●キャンペーンや会員資格で交換率が異なるものがある

パートナー特典の一部には、キャンペーン期間や会員の資格（FLY ONポイントでのステイタス保持者、JGCカード会員等）によって、同じ特典利用でも交換率に差がある場合があります。

●アマゾンギフト特典は2024年5月から交換率低下

人気のあったアマゾンギフト特典は2024年5月から交換率が1万マイル＝8千円相当になり、以前より交換率が下がってしまいました。

◀パートナー特典（ホームページ）
このページからパートナー特典の詳細を知ることができます。

◀パートナー特典

パートナー特典（ポイント交換タイプ）一覧（2025年1月15日現在）

区分	名称	内容	最低交換マイル数	会員制限条件	年間交換マイル数制限
電鉄系	Suica特典	Suica部分へのチャージ（10,000円相当）に交換	10,000	家族会員がいるJALカードSuica会員は不可	20,000
	nimocaポイント特典	10,000マイル＝10,000nimocaポイント（10,000円相当）に交換	10,000	JMB nimocaカード会員（JMB日本地区会員）	20,000
	PiTaPa「ショップdeポイント」特典	10,000マイル=100,000 ポイント（10,000円相当）に交換	10,000	PiTaPaカード所持のJALカード（クレジット機能付き）個人会員（JMB日本地区会員）	20,000
	JRキューポ特典	3,000マイルをJRキューポ1,500ポイントに交換	3,000	おまとめ登録済SUGOCA（記名式）所持のJMB日本地区会員	30,000
		10,000マイルをJRキューポ10,000ポイントに交換（3,000～9,000マイルは3,000マイル単位でマイル数の半分のJRキューポポイントに交換）	3,000～	JMB JQ SUGOCAカード会員（JMB日本地区会員）	30,000
	小田急ポイント特典	小田急ポイント10,000ポイント（10,000円相当）に交換	10,000	JALカード OPクレジット会員	なし
	TOKYU POINT特典	10,000マイル＝10,000TOKYU POINT（10,000円相当）に交換	10,000	JALカード TOKYU POINT ClubQ、TOKYU CARD ClubQ JMB会員限定（JMB日本地区会員）	なし
電力系	カテエネポイント特典	10,000マイル＝カテエネポイント10,000ポイント（10,000円相当）に交換	10,000	中部電力ミライズかCDエナジーダイレクトのカテエネの利用者	なし
	関西電力 はぴeポイント特典	10,000マイル＝10,000はぴeポイント 3,000マイル＝1,500はぴeポイントに交	3,000～	関西電力 はぴeポイントクラブ会員登録済みJMB日本地区会員	なし
共通系	FamiPayギフト特典	3,000マイル交換は1,500円相当 10,000マイル交換は10,300円相当	3,000～	ファミマのアプリ「ファミペイ」のダウンロードが必要	100,000/日 1,000,000/月
	楽天ポイント特典	3,000～9,000マイル=1,000マイル単位で1マイル＝0.5ポイント、10,000マイル=,8,000円相当	3,000～	特典交換にはJMBお得意様番号と楽天会員との紐付登録が必要	なし
	dポイント特典	10,000マイル＝dポイント10,000ポイント	10,000	dポイントクラブ会員（JMB日本地区会員）	20,000
	ローソンPonta特典	10,000マイルを10,000ポイントに交換（3,000～9,000マイルは1,000マイル単位で1マイル=0.5ポイントに交換）	3,000～	JMBローソンPontaカードVisa会員（JMBローソンパスVISA会員）（JMB日本地区会員）	なし
	Ponta特典	10,000マイルを10,000ポイントに交換（3,000～9,000マイルは1,000マイル単位で1マイル=0.5ポイントに交換）	3,000～	JMB×Ponta会員（JMB日本地区会員）	なし
その他	JTBトラベルポイント特典	10,000マイル＝10,000ポイント（10,000円相当）に交換	10,000	JTB旅カードJMB会員、JTBトラベルポイント JMBカード会員（JMB日本地区会員）	20,000
	スターバックス特典	10,000マイル＝スターバックス カードへのチャージ（10,300円相当）分	10,000	日本国内発行のスターバックス カードまたはモバイル スターバックス カード	なし
	One Harmonyポイント特典	10,000マイル＝4,500 One Harmonyポイントに交換	10,000	JMB会員名義でOne Harmonyへ入会済&Eメールアドレス登録済	なし
	ワコール公式ウェブストア特典	10,000マイル＝ワコール公式ウェブストアのクーポン（10,000円相当）	10,000	JMB日本地区会員	なし
	ミズノ公式オンライン特典	10,000マイル＝ミズノ公式オンラインのポイント（11,000円相当）	10,000	JALマイレージバンク（JMB）会員（日本在住）	なし
	ALL - Accor Live Limitless リワードポイント特典	5,000=1,000リワードポイント～50,000=20,000ポイント	5,000～	交換単位で交換率が異なる	なし
	Marriott Bonvoy ポイント特典	4,000=3,000リポイント～50,000=37,500ポイント	4,000～	JMB会員かつMarriott Bonvoy会員の方	なし
	ACCORDIA GOLF ポイント特典	提携ゴルフ場、プロショップでの利用代金として使えるポイント（1ポイント=1円）に交換	10,000～	ACCORDIA GOLF ポイントカード会員	なし
	JALお買いものポイント特典	JAL Mall、JALふるさと納税で利用できるJALお買いものポイントに交換	1,000～	JMB日本地区会員	なし
	ビックポイント特典	ビックポイント10,000ポイント（10,000円相当）に交換	10,000	JAL&Bicジョイントサービス登録者	20,000
	エムアイポイント特典	三越伊勢丹グループのエムアイポイントに交換（＊交換レートは交換単位や会員区分で異なる）	3,000～	エムアイカード会員に登録の日本地区JMB会員	なし

JMB　パートナー特典(クーポン交換タイプ)一覧（2025年1月15日現在・利用中断のものを除く）

区分	名称	内容	交換マイル	会員地区制限	制限条件等
JAL系	JALエービーシー特典	3,000円相当のJALABCレンタルモバイルサービスクーポン JAL ABC空港宅配クーポン(クーポン1枚につき、片道/1個無料)	3,000	日本地区	有効期限 申込日から6ヶ月間
	JALオリジナル体験特典	JALマイルを特別なミュージカルや舞台の鑑賞券に交換できる特典	2,000～	日本地区	
	JALオリジナル体験特典	JALでの特別な体験ができるマイルから交換できる特典	4,000～	日本地区	
クーポン・ギフト券系	Amazonギフト券特典	10,000マイル＝8,000円相当のAmazonギフト券に交換	10,000	日本地区	交換マイル数に上限なし
	マツモトキヨシギフトカード特典	マツモトキヨシギフトカード500円券×20枚に交換	10,000	日本地区	
	リンベル スマートギフト特典	リンベル スマートギフト11,000ポイント(11,000円相当)に交換	10,000	日本地区	
	Hair&Make EARTH特典	Hair&Make EARTHで利用できる2,000円分のクーポン券5枚に交換	10,000	日本地区	
	こども商品券特典	4,000マイル＝こども商品券1,000円券×2枚、10,000マイル＝こども商品券1,000円券×10枚に交換	4,000～	日本地区	百貨店や玩具店など全国約7,000カ所とタクシー4万台で使える
チケット系	JALシネマ特典	イオンシネマの映画鑑賞券(ポップコーン付き)8回分	10,000	日本地区	
	ユニバーサル・スタジオ・ジャパン™ 1デイ・スタジオ・パス特典	9,500マイル＝ユニバーサル・スタジオ・ジャパン 1デイ・スタジオ・パス特典1枚に交換	9,500	日本地区	
	劇団四季ギフトカード特典	劇団四季ギフトカード(10,000円相当)に交換	10,000	日本地区	
ペット系	羽田空港ペットホテル特典	羽田空港ペットホテルで利用できる2,000円相当のクーポン×5枚	10,000	日本地区	JALペットファミリー会員限定
	セントレアスカイペットホテル特典	セントレアスカイペットホテルで利用できる2,000円相当のクーポン×5枚	10,000	日本地区	JALペットファミリー会員限定
	トラベル・ウィズ・ドッグ特典	ペット検疫代行サービスや、ペット検疫代行サービスの料金に充当可能な10,000円分の共通クーポンコード 日本⇔欧米、ハワイ間のペット検疫代行サービス(犬)	10,000～	日本地区	JALペットファミリー会員限定
ハワイ系	ハワイ応援グッズ&アクティビティ特典	ハワイで人気のアクティビティやツアーに交換	10,000～	日本&グアムアメリカ地区	
	ハワイコワーキングスペース特典	ハワイコワーキングスペースBoxJelly×The Companyの特別1週間プラン利用	10,000	なし	
	ハワイクラフトビール　コナビール特典	10,000マイル=ハワイクラフトビール コナビール特典	10,000	日本地区	
	ハワイアンホースト特典	ハワイアンホースト商品に交換	5,000/10,000	日本地区	
	DFSハワイ商品券特典	DFSハワイ(Tギャラリアハワイ by DFS およびDFSダニエル・K・イノウエ国際空港店)で利用できる100USドル分の商品券に交換	10,000	なし	
旅行系	タリンク&シリヤクルーズ特典	タリンク&シリヤラインクルーズ/ヘルシンキ-ストックホルム間のクルーズ片道分(乗船時期によって必要マイル数が異なる。)	25,000/50,000	なし	
	スカイベリーWiFi特典	"13,000マイル＝WiFi端末＋国内外でつかえる月7ギガ・最長2カ月 20,000マイルWiFi端末＋国内外でつかえる10ギガ・40日間"	13,000/20,000	日本地区	
	タイムズカー「カーシェアeチケット」特典	10,000マイルをタイムズのカーシェアで使える36時間分のeチケットに交換	10,000	日本地区	
	カリフォルニア ディズニーランド・リゾート特典	カリフォルニア ディズニーランド・リゾート 2デー・パークホッパー・チケット1枚(大人1名様分)	60,000	なし	交換マイル数に上限なし Eメールアドレス JMB登録会員
	STAY JAPAN 民泊特典	STAY JAPANのご予約時につかえる、11,000円分の割引クーポンコードと交換	10,000	なし	交換マイル数に上限なし Eメールアドレス JMB登録会員
飲食系	モスカード特典	モスカード(4,000マイル=2,000円相当,10,000マイル=10,000円相当)に交換	4,000～	日本地区	
	ハーゲンダッツ特典	10,000マイル=ハーゲンダッツ ギフト券(ハーゲンダッツ商品2個分)9枚に交換	10,000	日本地区	
	クア・アイナ特典	日本国内のクア・アイナ全店舗で利用可能なハンバーガーまたはサンドウィッチ引き換え券10枚に交換	10,000	日本地区	
	CokeON® ドリンクチケット特典	「Coke ON® ドリンクチケット」の10枚セットに交換	3,000	日本地区	
スポーツ系	mont-bell・JAL メンバーズギフトカード特典	mont-bell・JAL メンバーズギフトカードに交換 10,000、30,000、50,000、100,000のマイル単位での交換	10,000～	日本地区	交換回数に上限なし
	ゴールドジム特典	ゴールドジム施設利用券など	3,000～	日本地区	16歳以上の方

JALとっておきの逸品・JALふるさとからの贈りもの

「JALとっておきの逸品」は日本航空がセレクトした商品の交換特典です。「JALふるさとからの贈りもの」では地域の魅力ある特産品がマイルと交換できます。両特典とも申し込み方等の条件は共通しています。

●送り先はマイレージ特典利用対象者に限定

他のJMB交換特典と同じく、JMB会員本人と会員の二親等以内までの家族の住所（日本国内）宛に送ることが可能です。簡易包装での送付となりプレゼント包装はできません。

●交換マイル数はマイルから商品によって異なります

「JALとっておきの逸品」と「JALふるさとからの贈りもの」は最低交換マイル数が以前の1万マイルからではなくなり、数千マイルで交換できる商品も用意されています。「JALとっておきの逸品」ではカテゴリー別に、「JALふるさとからの贈りもの」は地域別に商品が検索できます。

●ポイント

❶JMB会員本人と会員の二親等以内までの家族の住所（日本国内）宛に簡易包装で送付可能。
❷特典の種類により交換マイル数は異なる。
❸申し込み後の配送期日の変更・返品・交換・取消は不可。

◀JALとっておきの逸品

●交換時の注意事項

①交換申し込みは「JALクーポン・クーポンレス決裁サービス」と同じ方法でJALホームページのみからの申し込みとなります。既に手元にあるJALクーポンでは、申し込みできません。

②一回の操作で申し込みできるものは1商品1点のみです。複数の商品や同じ商品を2点以上希望する場合には、再度の手続きとなります

③申し込み後の配送期日の変更・返品・交換・取消は不可。

④酒類の申し込みは20歳以上の方に限ります。

⑤JALカード家族プログラム登録の会員家族のマイルを合算して申し込み場合は、親会員または18歳以上の子会員の方からの申し込みが可能。18歳未満の子会員は、家族のマイルを合算しての特典交換はできません。

◀とっておきの逸品（ホームページ）
WEBでの申し込みとなります。

◀JALふるさとからの贈りもの

JAL MILEAGE BANK

JMBワールドマーケットプレイスでつかう①

宿泊施設・レンタカー

「JMBワールドマーケットプレイス」とはJMB会員向けのマイルがたまりまたつかえる、ホテル・レンタカー・ショッピングの総合ポータルサイトです。日本も含む世界中の宿泊施設・レンタカーをJALマイルでつかえる便利な交換特典です。交換申し込みは「JALクーポン・クーポンレス決裁サービス」と同じ方法でJALホームページのみからの申し込みとなります。既に手元にあるJALクーポンでは、申し込みできません。

●宿泊・レンタカーはネット検索後に即時予約可能

地域（宿泊地）を選択し、日程、人数、車種などの条件を設定してネット検索した候補から選択肢した希望宿泊先・レンタカーを即時予約できます。なお一度引き落ちたマイルは払い戻し、他のホテル・プランへの変更、現金への交換はできません。

●ポイント

❶日本を含む世界各地の宿泊施設での宿泊やレンタカー利用をJALマイルでつかえる交換特典。
❷マイルを使った宿泊予約は税金や手数料も含まれていて、海外宿泊時の面倒な追加費用が不要。
❸レンタカー利用は乗り捨て（ワンウエイ）でも利用でき、その場合は乗り捨て料金も含まれる。

●予約は宿泊の2日前まで可能

「JMBワールドマーケットプレイス」での宿泊予約は宿泊日の2日前までが予約可能で、宿泊当日と前日の予約はできません。海外でもこの期限は現地時間での起算です。

●税金と手数料を含む宿泊費全部やレンタカーの付帯保険をカバー

「JMBワールドマーケットプレイス」でのマイルを使った宿泊予約は税金や手数料も含まれています。特に海外で宿泊時に面倒な追加費用を支払う必要がありません。レンタカーでは付帯保険も含まれています。

●一部をマイル以外で利用は不可

マイルを使った「JMBワールドマーケットプレイス」宿泊予約では、一部を現金やクレジットカード等で支払うことはできません。交換マイル数がマイル口座にあることが必要です。家族マイルも利用できます。

●利用者はJALマイル特典利用対象者限定

利用可能な方はJALマイル交換特典利用対象者（会員本人と二親等以内の家族等、単独宿泊者は18歳以上）に限定です。レンタカードライバーは免許書携帯と1年以上大きな違反歴のないことが求められます。

◀グランドメルキュール　ジャカルタ　ハルモニホテル
2023年1月にJMBワールドマーケットプレイスでマイルをつかい宿泊。

◀JMBワールドマーケットプレイス・ホテル予約

JALMILEAGEBANK

JMBワールドマーケットプレイスでつかう②
おすすめの商品

「JMBワールドマーケットプレイス」では、日本も含む世界各地の会員がWEBでJALのおすすめ商品をJALマイルと交換して入手できます。交換申し込みは「JALクーポン・クーポンレス決裁サービス」と同じ方法でJALホームページのみからの申し込みとなります。

●海外地区会員での特典交換も可能

日本地区会員に比べ交換特典が限られた海外地区会員も、この特典で利用種類が飛躍的に広がりました。マイル数には配送料や税を含んでおり、配送先の国によってマイル数が異なります。

●申し込みと同時にマイル減算

「JMBワールドマーケットプレイス」でマイルを使ったおすすめ商品は申し込みと同時にマイルが減算されます。

●税、送料、手数料がマイル交換特典に含まれる

すべての税、送料、販売元の手数料がマイルとの特典交換に含まれます。

●ポイント

❶交換マイル数には配送料や税を含んでおり、配送先の国によってマイル数が異なる。
❷商品発送前または未使用の状態でマイルの戻し依頼をした場合でもマイルは戻らない。
❸一部を現金やクレジットカード等で支払うことは不可。交換マイル数がマイル口座に必要。

商品と会員の居住する国・地域の管轄によっては、消費税（ＶＡＴ）や高額品に対する物品税、関税などの現地税などが課されることがあります。心配な場合は商品を注文する前に、現地の関税当局に確認してください。

●注文のキャンセルなど

商品申し込み後、ＪＭＢ口座からマイルが引き落とされたら、いかなる理由でもマイルは返却されません。また他の商品に交換することもできません。商品発送前または未使用の状態でマイルの戻し依頼をした場合でもマイルは戻りません。なお交換した商品が会員理由を除いて破損等などが発生した場合に限りキャンセル規約が適用されます。

●一部をマイル以外で利用は不可

「ＪＭＢワールドマーケットプレイス」のマイル交換利用では、一部を現金やクレジットカード等で支払うことはできません。交換マイル数がマイル口座にあることが必要です。家族マイルも利用できます。

●利用者はＪＡＬマイル特典交換利用対象者限定

利用可能な方はＪＡＬマイル交換特典の利用対象者（会員本人と二親等以内の家族等）に限定されます。

◀ＪＭＢワールドマーケットプレイス・ショッピング
世界各地の会員が利用できる特典です。

◀ＪＭＢワールドマーケットプレイス・ショッピング

ＪＡＬお買いものポイントでつかう

「ＪＡＬお買いものポイント」はＪＡＬマイルを「ＪＡＬ Ｍａｌｌ」と「ＪＡＬふるさと納税」の支払いに使える交換特典です。1千マイルから、1千マイル単位で交換でき、交換上限はありません。

●ＪＡＬお買いものポイントは1ポイント＝1円相当

「ＪＡＬお買いものポイント」は「ＪＡＬ Ｍａｌｌ」と「ＪＡＬふるさと納税」に1ポイント＝1円相当でつかえます。

●利用に際しての注意点

①**ポイントへの交換**：「ＪＡＬ Ｍａｌｌ」のホームページで交換します。

②**有効期限**：ポイントが発行された365日後まで。

③**マイル積算**：「ＪＡＬお買いものポイント」で支払い分はマイル積算が不可。

④**家族マイルでの利用**：「ＪＡＬカード家族プログラム」の規約が適用。

●ポイント

❶「ＪＡＬ Ｍａｌｌ」と「ＪＡＬふるさと納税」の支払いに使える交換特典。

❷1千マイルから、1千マイル単位で交換でき、1ポイント＝1円相当でつかえる。

❸ＪＡＬお買いものポイント」で支払い分はマイル積算が不可でマイルの戻し依頼をした場合でもマイルは戻らない。

◀ＪＡＬお買いものポイント

JAL MILEAGE BANK

JALわくわくパスポートでつかう

「JALわくわくパスポート」はJALマイルを「JALワクワクコイン」に交換して、そのコインを使って全国様々なリクリエーション施設が利用できる新しい交換特典です。2024年8月から開始されました。

●利用に必要なコインの交換は5千マイルから

「JAL ワクワクコイン」へのマイルからの交換は、最低5千マイル(280コインから交換可能ですが、1万マイルとの交換は570コインと交換率が異なります。

●利用に際しての手順

①**利用施設の検索**：利用できる施設を検索すると、利用に必要なコイン数と諸条件が表示されます。ログインしなくても検索は可能です。

②**パスポート会員登録**：「JALわくわくパスポート」を利用するには、「JALわくわくパスポート」のホームページで会員登録をします。

③**JMB会員番号と紐づけ**：JMBのログインページに戻り、JMB会員番

●ポイント

❶「JAL ワクワクコイン」に交換し、そのコインを使って全国様々なリクリエーション施設が利用できる交換特典。

❷最低5千マイル(280コインから交換可能だが、1万マイルとの交換と交換率が異なる。

❸利用には、「JALわくわくパスポート」のホームページで会員登録が必要。

号と紐づけします。

④利用者登録：会員本人以外での利用者も登録できます。

⑤マイルからコインの交換：ログインしてマイルからコインを「JALわくわくパスポート」口座に交換すると、利用施設の予約が可能となります。必要コイン数が「0コイン」でも、コイン口座にコインがないと予約できません。

⑥利用施設の予約：利用したい施設を選んでコインを使い予約します。

⑦予約施設でQRコードを提示：利用施設の受付窓口でQRコードをスタッフに提示して予約内容を確認し、画面でOKを押し利用が開始できます。

●注意事項

①有効期限：「JAL ワクワクパスポート」は最初のマイル交換から180日の有効期限。

②同一施設利用の制限：同一施設利用は月に1回までとなります。

③途中解約・退会：180日の有効期限前に途中解約や退会が可能ですが、マイルは戻りません。

◀JALわくわくパスポート（ホームページ）
全国のリクリエーション施設がマイル交換したコインで利用できます。

JALわくわくパスポート対象施設具体例（2025年1月現在）

都道府県	施設名	体験内容	コイン数
東京都	LUXURY FLIGHT HICity Fighter店	フライトシミュレーター体験	665
東京都	東京タワー	メインデッキ入場	58
神奈川県	赤レンガcafeクルーズ	海から横浜を楽しむクルーズ	137
千葉県	ブリオベッカ浦安	ブリオベッカ浦安のホームゲーム	0
埼玉県	上尾天然温泉　日々喜の湯	天然温泉の入館	49
大阪府	通天閣(一般展望台)	一般展望台の利用	49
京都府	さがの温泉 天山の湯	温浴施設入館（タオルセット付）	60
愛知県	清洲城	天主閣入場	18
福岡県	関門海峡ミュージアム	博物館入場	24
広島県	宮島手づくり工房	しゃもじ（小）の焼印体験	24
北海道	札幌もいわ山ロープウェイ	ロープウェイ+ミニケーブルカーセット利用(往復)	52
沖縄県	DMMかりゆし水族館	水族館入場	137

◀JALわくわくパスポート（LUXURY FLIGHT 羽田空港店）フライトシミュレーターもマイルをつかって体験できます。

◀JALわくわくパスポート

JALミニマイル特典でつかう

JAL MILEAGE BANK

「JAL ミニマイル特典」は2千マイルから交換できるお手軽な交換特典です。毎月更新され、一部特典は期間限定です。

●提携企業での商品交換の割引クーポン等として利用が主流

交換特典の内容は提携企業での商品交換の割引クーポン等として利用できるものが主ですが、施設利用チケットや製品キットなどものがあります。

●交換はネット申し込み限定で受取方法は郵送とEメールの2タイプ

「JAL ミニマイル特典」はネット申し込み限定の特典です。特典の受取方法は郵送とEメールとの二つのタイプがあります。

●有効期限の設定

「JAL ミニマイル特典」には有効期限があります。

●ポイント

❶2千マイルから交換できるお手軽な交換特典。
❷提携企業での商品交換の割引クーポン等として利用できるものが主。
❸特典の受取方法は郵送とEメールとの二つのタイプ。

JAL ミニマイル特典一覧　日本地区会員限定(2025年1月20日現在)

交換マイル数	企業名	業種	特典内容	送付方法	申込数限定	期間限定
2,000	MIRAIWA+	食品	おみそしる 10食交換クーポン	Eメール	あり	あり
	やまだ農園本舗	食品	やまだの青汁90本入りで使えるクーポン3,500円分	Eメール	あり	あり
			【美味しい乳酸菌青汁】で使えるクーポン3,500円分	Eメール	あり	あり
	NOSH(ナッシュ)	食品	NOSH(ナッシュ)初回購入時割引クーポン2,500円分	Eメール	あり	あり
	WOWWOW	有料放送	【新規加入者】WOWOWオンデマンドで使えるクーポン特典(2,300円分)	Eメール	あり	なし
	スタジオアリス	写真スタジオ	撮影ご優待券(8,000円相当)	郵送	あり	なし
	カンドゥー	テーマパーク	カンドゥー親子ペアチケット	郵送	なし	なし
	全国酒販協同組合連合会	ビール共通券	1枚で350ml缶2缶と交換できる券の2枚セット(350ml缶4本相当)	郵送	なし	なし
	リンベル	ギフトショップ	リンベルeクーポン2,000円分	Eメール	あり	なし
	フェリシモ	通販	お買い物eクーポン2,000円分	Eメール	あり	なし
	ミズノ	スポーツ用品	公式オンラインショップ商品購入ポイント(2,000円相当)	Eメール	あり	なし
	署名ドットコム	通販	マイサイン申込時割引クーポン(6,000円分)	Eメール	あり	あり
	ラサーナ	化粧品	eクーポン3,000円分(5,000円以上(税込)購入時に利用可)	Eメール	あり	なし
	JAL工場見学SKY MUSEUM	JAL工場見学	JAL工場見学SKY MUSEUM	Eメール	あり	あり
	JAL	機内WIFI	国際線機内Wi-Fiフライトプラン(24時間利用可)1枚	Eメール	なし	なし
2,500	JAL工場見学SKY MUSEUM	JAL工場見学	JAL × NTTドコモラボ企画	Eメール	あり	あり
3,000	全国酒販協同組合連合会	ビール共通券	1枚で633mlのびん2本と交換できる券の2枚セット(633mlびん4本相当)	郵送	なし	なし
	JAL工場見学SKY MUSEUM	JAL工場見学	機内食体験コース	Eメール	あり	あり

◀JALミニマイル特典

その他でマイルをつかう

今まで解説してきたJALマイルの交換特典以外に、次のようなものもあります。一部はJALカード会員限定です。

●JALチャリティ・マイル

1口あたり決まったマイル数でJMB指定の特定事業団体へマイルを使ったチャリティー寄付（1マイル＝1円相当として、会員が協力したマイル相当額と同額をJALからも拠出（マッチング）して合わせた総額を寄付）ができます。期間限定の施策で、不定期に発表されます。

●JALカード年会費にマイルをつかう（JALカード会員限定）

JALカード個人会員（本会員・家族会員）とJALカードショッピングマイル・プレミアム年会費がマイルで払えます。この**サービスの対象カードはCLUB‐A以上**のランクで、普通カード、JAL CLUB EST年会費等は対象外です。家族会員のカード年会費のみ、およびショッピングマイル・プレミアム年会費のみの申し込みはできません。交換マイル数はカードの種類で異なります。

●ポイント

❶JALチャリティ・マイルは1口あたり決まったマイル数でJMBが指定の特定事業団体へマイルを使ったチャリティー寄付。

❷JALカード会員はカードの年会費をマイルで支払うことができるが、対象科目やカード種別に制限がある。

❸JALカードツアープレミアム会員は、e JALポイントへの交換を省略して1千マイル＝1千円相当で最大9千マイルを「JALご利用マイル」として「JAL eトラベルプラザ」でのJALダイナミックパッケージ（国内）の購入につかえる。

●JAL子どもの夢応援マイル

「子どもの夢応援マイル」とは、日本の未来を担う子どもたちの活躍や挑戦をマイルでサポートするプログラムです。JALマイレージバンク会員の協力を募集し、数々の子ども支援の実績のある協力団体と連携し企画を実施する交換特典です。1口3千マイル～（3千マイル単位）、1マイル＝1円相当として、協力したマイル相当分の体験提供やグッズプレゼントなど、企画を実施します。

●体験deマイル

JALマイルを使って非日常の体験ができる交換特典です。数量限定の特典なので、申し込みのホームページを毎月小まめにチェックする必要があります。交換マイル数は体験企画によって異なります。ホームページ上の内容紹介では、本書の分類での交換特典と一部重複しています。

●JALカードツアープレミアム会員限定の「JALご利用マイル」

JALカードツアープレミアム会員は、「JAL eトラベルプラザ」からJALダイナミックパッケージ（国内）を購入の際、「JALご利用マイル」としてマイルをe JALポイントへの交換を省略して1千マイル＝1千円相当として、1千マイル単位で最大9千マイル利用できます。

◀JALチャリティーマイル

PART Ⅲ JALマイルをためる

マイレージは航空機の搭乗実績以外に、航空機利用と関連のある旅行関連のホテルやレンタカーなどと提携サービスが始まり、その後様々な業種の企業との提携サービスを拡大してきました。さらに非現金決済が日本でも進展して、それに連動したポイントサービスがグループ化して、マイレージとポイント事業者間の競争が激化しています。今まではポイントの集約性で秀でていたマイレージの優位は、大きな転機を迎えています。JALマイルを効率よくためるには、多岐にわたるポイントサービスを日頃の自分の消費活動に上手に取り込めるかが大きな鍵となります。そのためにはまずマイル提携の全体像を知り、ポイントサービスよりも有利な条件項目を活用することが、マイルを上手にためるための基本活動です。

JMBカード&JALカードでためる①

JMBカード・JMB WAONカード

JALマイルをためるには、まずJALマイレージバンクに入会しなければなりません。カードを待たずに即座にアプリを使って入会もできますが、スマホの電池切れなども想定すると、カード会員証を所持しているほうが何かと便利です。入会時に基本となるカードはJMBカードです。JALカードやJMB提携カードのクレジット機能付きカードは入会審査等の制約がありますが、JMBカードは誰でも利用可能な基本カードで入会費も不要です。

●パンフレットの紙製カードは仮会員証

機内や空港などで入手できるJMB入会案内パンフレット（入会申込書）に付いている紙製カードは、仮会員証で搭乗マイルの積算は可能ですが、このカードで特典利用や提携サービスでのマイル積算はできません。早い時点で会員申し込みをして、本会員証（JMBカード）を入手しましょう。

●WAON付きカードは無料で便利

JMBカードにはWAONが付いたJMB WAONカードがあり、無料

●ポイント

❶インスタント型の紙製JMBカードは、各種サービスや特典交換ができないので、本会員カードの申し込みをできる限り早く申し込む。
❷JMB WAONカードは無料で申し込め、ファミリーマートとJAL PLAZAはWAONマイル特約店として2倍マイルがたまる。
❸JMB G.G WAONカードは満55歳以上の日本地区会員が加入でき、各種の特典とマイル有効期限が60か月に延長。

で申し込めます。入会時にこのカードで申し込みが可能です。このカードなら支払いにWAONを使うことでもマイルがたまります。

●JMB WAON利用でマイル積算

JMB WAONの加盟店にはWAONマイル特約店として2倍マイルが貯まるお店としてファミリーマートとJAL PLAZA（空港店舗）があります。またJMB WAONはクレジットチャージ（JALカード限定）して利用できます。WAONをクレジットチャージするとさらにマイルを増やす（200円＝1マイル）ことができます。

●55歳以上ならマイル有効期限が60か月に延長の「JMB G.G WAONカード」

満55歳以上の日本地区会員が加入できるJMBカードです。入会無料で、各種の特典（入会時eJALポイント1千ポイントプレゼント、JALグループのツアー商品割引等）があり、**マイル有効期限が通常の36か月から60か月に延長となります。**最初入会時にこのカードでの申し込みが可能です。

●12歳以下の子供向けJMBカード

12歳以下会員なら3種のカード券面（飛行機カード、しろたんカード、しまじろうカード）での申し込みが可能です。これらのカードは特別な体験などができるJMBキッズクラブの登録が無料でできます。

◀JALマイレージバンク　しまじろうカード
12歳以下の子供むけJMB会員カード。

◀JMB WAONカード

JMBカード&JALカードでためる②
JMB提携カード

JMBカードには電鉄会社等の企業との提携カードがあり、一部はクレジット機能付きカードです。それ以外に金融機関との提携カードもあり、ライフスタイルに応じて、複数種のカードを使い分けることも可能です。

●JALカードとの違いに注意

一部のJMB提携カードにはクレジット機能が付いていますが、同じクレジット機能付きのJALカードとは諸条件が異なります。特にJALカードの各種優遇策（フライトボーナスマイル、各種割引等）はありません。**クレジット機能付きのJMB提携カードはJALカードではありません。**

●クレジット機能付き提携カードは入会審査あり

クレジット機能付きJMB提携カード（JMBローソンPontaカードVisa等）は所定の審査があり、18歳未満と18歳の高校生は入会できません。

●ポイント

❶クレジット機能付きのJMB提携カードは、同じクレジットカードのJALカードの優遇策（フライトボーナスマイル等の諸条件）が異なり、JALカードとは別物。
❷クレジット機能付きJMB提携カードは所定の審査があり、18歳未満と18歳の高校生は入会不可。
❸ポイント特典の一部は特定のJMB提携カード会員に限定。

●Visaデビット付きカードは15歳から入会可能

「りそなデビットカード（JMB）」はVisaデビット機能付きのJMBカードで15歳以上なら入会可能です。JAL航空券購入の場合マイル付与が2倍となり、2年目以降1回以上Visaデビットでの支払いがあると年会費が無料になります。

●パートナー交換特典の一部は特定のJMB提携カード会員限定

JMBのパートナー特典のポイント交換では、nimocaポイント特典等のように、一部は特定のJMB提携カード会員やJALカードに限定されるものがあります。

●JAL Pay利用に便利なJAL Global WALLETカード

以前はJMB提携カードの一種に位置付けられていた「JAL Global WALLETカード（JGW）」は、JAL Payのアプリができたことで、JALマイレージバンクアプリをダウンロードして、JAL Payを設定してから申し込む方法に変わりました。このカードを入会時に会員カードとして申し込むことはできません。JGWカードは12歳以上から使え、Master Card加盟店でショッピング、海外ATM、ロンドンやニューヨークの地下鉄にタッチ乗車に利用できるなどの利点があります。

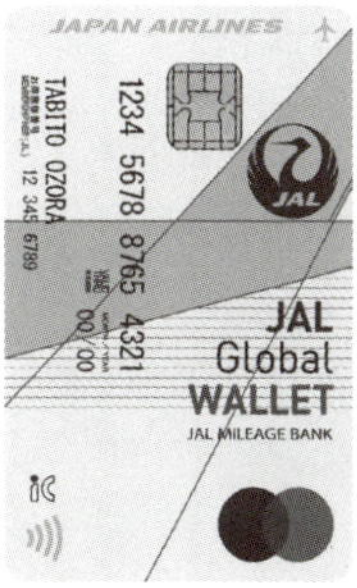

◀JAL Global WALLET
外貨決済に利用できるポイントに交換。

JMB提携カード&JGWカード一覧(2025年3月現在)

カード名	特徴や特典	年会費(税抜・円)		クレジット機能	制約事項
		本会員	家族会員		
JAL JGWカード	ショッピングだけでなく、チャージした自己預金を別の通貨に両替したり、海外ATMから現地通貨で引き出せるプリペイドカード	無料	設定なし	なし(Master Card加盟店でキャッシュレス決済可能)	12歳以上
イオンJMBカード(JMB WAON一体型)	ショッピングマイル機能(200円=1マイル)、iDやWAONのご利用でもマイルがたまる、JMBマイルをWAONチャージ(入金)可能	無料	無料	JCB, VISA、Master Card	
イオンJMBカード(JMB WAON一体型/G.Gマーク付)	JMB G.G WAON特典(マイル有効期限36カ月→60カ月に延長等)が付帯したイオンJMBカード	無料	無料		55歳以上
TOKYU CARD ClubQ JMB	TOKYU POINT機能、東急系映画館・Bunkamuraでの割引などJMBマイルとTOKYU POINTの相互交換可能	1,100(初年度無料:新規限定)	330(初年度無料:新規限定)	VISA, Master Card	東急ホテルズコンフォートメンバーズ機能を追加可能(Master Cardのみ)ゴールドカードはポイント等で優遇
TOKYU CARD ClubQ JMB PASMO	TOKYU CARD ClubQ JMB にPASMO機能・一体型定期券が付帯したカード				
TOKYU CARD ClubQ JMB (ゴールド)	TOKYU CARD ClubQ JMBのゴールドカード	6,600	1,100		
JMB nimoca	nimocaポイントとJALマイルの相互交換が可能なJMBカード	無料	設定なし	Visa	
JMB JQ SUGOCA	JRキューポとJALマイルの相互交換が可能なJMBカード	1,375 2年目以降も前年1回以上のショッピング利用で費無料	設定なし	JCB, Visa、Master card	
JMBローソンPontaカードVisa	ローソン系ショップでのクレジット購入でポンタが100円=2ポイントの高還元率のJMBカード。	無料	設定なし	Visa	
りそなデビットカード<JMB>	Visaデビット利用でマイルが貯まるJMBカード。JAL航空券購入はマイル2倍。	初年度無料、2年目以降条件付きで無料	設定なし	なし	15歳以上の方
JTB旅カード JMB	クレジットカード利用額の最大2%のトラベルポイント積算。JMBマイルとJTBトラベルポイントの相互交換可能	2,200	1,100	JCB	
JTBトラベルポイントJMBカード	JTBトラベルポイントとJALマイルの相互交換が可能なJMBカード JAL便利用のJTB海外ツアーでeJALポイントがたまる	無料	設定なし	なし	2025年3月31日で新規受付終了

◀JMB提携カード

◀りそなデビット一体型ICキャッシュカード〈JALマイレージバンク〉15歳以上から申し込み可能なVisaデビッド機能付きのJMB提携カード。

JAL MILEAGE BANK

JMBカード&JALカードでためる③
JALカード

JALカードはJMB会員カードも兼ねるクレジットカードです。同じクレジット機能が付いたJMB提携カードの同種のカードではありません。カードによって機能等で異なった特徴があります。年会費だけではなく付帯機能をしっかり比較検討し、自分のライフスタイルと利用環境にあったカードを選びましょう。

●JALカードの種別

①**一般カード**：費用を押さえてJALカードの基本サービスを利用できます。
②**CLUB-Aカード**：航空機利用のボーナスマイル獲得優遇。
③**CLUB-Aゴールドカード**：CLUB-Aカードの機能にゴールドカードとしてのショッピングマイル優遇等が加わります。ダイナーズブランドも同じ種別。
④**プラチナカード**：JALカードの最高峰。より手厚い優遇策が付加されます。
⑤**学生カード**：大学や各種学校に在籍している18歳以上30歳未満の学生が対象。独自特典が多く、マイル獲得と使用の両面で手厚い優遇策が付与。

●ポイント

❶JALカードはJMB会員カードも兼ねるクレジットカード。同じクレジット機能が付いたJMB提携カードとは異なり、カードによって機能等で異なった特徴がある。
❷サービス内容はカードの種類によって条件が異なる。さらに限られたカード向けの付帯サービスもある。
❸学生向けJALカードnaviの優遇策は群をぬいた内容。

⑥**ＣＬＵＢ　ＥＳＴカード**：20歳代限定のカード。マイル有効期限の延長（60か月）等特別な優遇サービスが付与されます。別途ＣＬＵＢ　ＥＳＴ年会費がかかり、家族会員のみＪＡＬ　ＣＬＵＢ　ＥＳＴに入会することはできません。

⑦**法人カード**：フライトマイルはカード使用者ごとに積算される法人カード。クレジット利用分は提携カード会社のポイントとして自動的にたまり、ＪＡＬカードショッピングマイルは積算されません。

●ＪＡＬカード共通の特典

ＪＡＬカード会員には共通の特典があります。カードの種別により内容と条件は異なりますが、代表的な共通特典としては次のようなものがあります。

(A)ＪＡＬグループ便搭乗時のフライトボーナスマイル

ＪＡＬグループ便の搭乗でＪＡＬカード会員は一般のＪＭＢ会員にはないボーナスマイルが獲得できます。

①**入会時ボーナスマイル**：入会後初めての搭乗時に獲得できるボーナスマイル。カードの種別でマイル数は異なりますが、最大５千マイル。

②**毎年初回搭乗ボーナスマイル**：入会搭乗ボーナス獲得年の翌年以降、毎年最初の搭乗時にプレゼント（年１回のみ）最大２千マイル。

③**搭乗時フライトボーナスマイル**：ＪＡＬグループ便搭乗時に区間基本マイル

◀ＣＬＵＢ　ＥＳＴ　ＪＡＬカード　Ｓｕｉｃａ普通カード
20歳代限定のＪＡＬカード。マイル有効期限が60か月に延長。

の10％（普通カード等）～25％（CLUB‐Aカード等）のマイル数を獲得可。

(B)ショッピングマイル（クレジット利用分）

①通常ショッピングマイル：ショッピング等の各種支払いに利用すると、JALマイル（200円＝1マイル）がためられます。

②JALカード特約店：特約店の利用では2倍のマイル（200円＝2マイル）。

③JALカードショッピングマイル・プレミアム：ショッピンマイルに増量できるJALカードのオプションプログラム（年会費：3300円）。本会員がこれに参加すると家族会員も追加費用なく同じ条件が適用。CLUB‐Aゴールドカード、JALダイナースカード、プラチナ、JAL CLUB EST会員はこの年会費無料で自動入会です。JALカード navi会員は、ショッピングマイル・プレミアムに入会した場合と同様の積算率です。

(C)付帯保険

JALカードは海外旅行保険と国内旅行傷害保険が付帯しています。海外旅行保険で携行品保険が付いていないカードもあり、種別で内容は異なります。旅行の度の手続きは不要で、旅行回数や利用航空会社を問わず適用。

(D)空港免税店・機内販売・JAL SHOP機内オンラインストアでの割引

JALカードで支払うと、対象の空港免税店ではカードの種別により5％

◀JAL・JCBカード（通常デザイン）CLUB‐Aカード
CLUB‐Aカードはフライトボーナスマイルが25％獲得できます。

または10%割引、JAL機内販売・JAL SHOP機内オンラインストア10%が割引となります。

(E)ホテル、ツアー等の関連企業や提携企業利用時での優遇

JALカード会員はホテル（ホテルニッコー＆JALシティで）の特別プランやツアー商品の割引（ダイナミックパッケージ（国内／海外）：2%、海外ツアー：6%）が会員と同時申し込み全員分に適用です。国内線運賃では「JALカード割引」はJALカード会員だけ購入可能。レンタカー、空港パーキング等も会員向け特別料金で利用できます。

●カード別に異なる各種特典

プラチナとCLUB‐Aゴールド、ダイナースカードには次の様な特典サービスが追加されています。カードの種別により、適用される内容が異なるものもあります。（＊）印のものはCLUB‐A カードとCLUB EST会員も対象。（＊＊）印の項目はプラチナ限定のサービス。

①アドオンマイル

JALグループの航空券や機内販売等の対象商品購入で、マイルが増量されます。適用対象はプラチナ（100円＝2マイル）とCLUB‐Aゴールドのアメリカン・エキスプレスカード（100円＝1マイル）。

◀ホテルニッコーサイゴン・シャトルバス
JALカード会員はホテルニッコーに特別プランで宿泊できます。

②プライオリティ・パス（＊＊）

世界各国の空港で専用ラウンジがあるプライオリティ・パス（別途申し込み）が無料で利用できます。

③JALビジネスクラス・チェックインカウンターの利用（＊）

JAL国際線エコノミークラス搭乗時にでも、ビジネスクラスのチェックインカウンターが利用できるサービスです。

④会員誌「アゴラ」やJALオリジナルカレンダーの送付

会員誌「アゴラ」とJALオリジナルカレンダーが無料で送付されます。

⑤JALカード海外航空便遅延お見舞金制度

海外旅行期間中のJAL国際線（JAL便名でのコードシェア便を含む）の出発遅延、欠航と海外でのパスポート紛失に対し見舞金を支払う制度。

⑥ショッピング保険

JALカードで購入した商品が、購入日より90日以内に破損、盗難、火災などの偶然な事故により損害を被った場合に補償する制度。内容の差がJALカードの種類で異なり、一部は一般カード、CLUB-Aカードも対象です。

⑦JALカードゴルファー保険

ゴルフプレー中（国内・海外）に適用の賠償責任保険と傷害保険。

◀ソンホン　プレミアムラウンジ　ノイバイ空港（ベトナム・ハノイ）
プライオリティーパスで利用できるラウンジです。

⑧国内・海外航空機遅延保険

航空便利用の出航遅延で生じた飲食費および乗継遅延等で生じた宿泊・飲食費や預けた手荷物が遅延・紛失した際の衣類購入費等を補償。ＪＡＬ・ＪＣＢカード ＣＬＵＢ-Ａゴールドカード、ＪＡＬカード ＯＰクレジット ＣＬＵＢ-Ａゴールドカード、ＪＡＬ・ＪＣＢカード プラチナ限定。

●マイル増量に有利なＪＡＬカードツアープレミアム

ＪＡＬカードには他の航空会社の提携クレジットカードには見られない、ツアーや割引タイプの航空券（積算率50％以上の一部予約クラス限定）の搭乗でも、基本区間マイル１００％に増量可能なオプションプログラム「ＪＡＬカードツアープレミアム」（一人年会費：２２００円）があります。学生向けカード「ＪＡＬカードＮａｖｉ」なら在校期間中は無料登録可能。

●特筆に値する学生カード（ＪＡＬカード Ｎａｖｉ）の特別特典

ＪＡＬカードの学生向けカード「ＪＡＬカードＮａｖｉ」は、在校期間中は年会費が無料であることに加え、「ショッピングマイル・プレミアム」や「ツアーマイルプレミアム」の追加年会費も無料で、特典航空券交換での減額マイルキャンペーン、つかってマイルボーナス、語学検定ボーナスマイル等、このカードだけの特別な優遇サービスがあります。

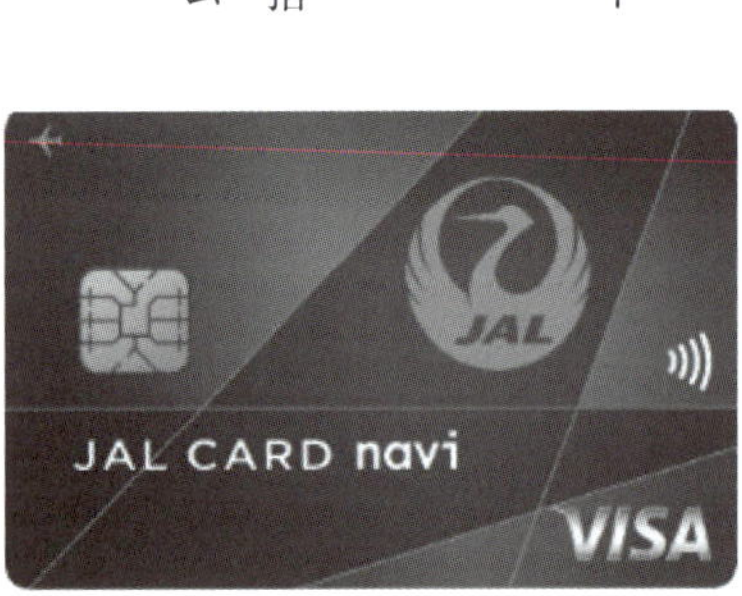

◀ＪＡＬカード Ｎａｖｉ（学生専用）
ＪＡＬカードの学生向けカードは様々な独自特典が満載です。

◀ＪＡＬカード（マイルをためる）

JALカード比較一覧(2025年3月現在)

Visa&Mastercard ブランド

数字単位:円(税込)

カード会社	三菱UFJニコス				東急カード		
費用科目/カード種別	一般	CLUB-A	CLUB-A ゴールド	学生	一般	CLUB-A	CLUB-A ゴールド
本会員年会費	2,200	11,000	17,600	0	2,200	11,000	17,600
本会員年会費初年度無料	○	×		○	○	×	
家族会員年会費	1,100	3,850	8,800	設定なし	1,100	3,850	8,800
本会員年会費初年度無料	○	×		設定なし	○	×	
ショッピングマイル	200円＝1マイル	100円＝1マイル			200円＝1マイル	100円＝1マイル	
ショッピングマイルプレミアム(100円=1マイル)年会費	3,300	無料(自動入会)			3,300	無料(自動入会)	
アドオンマイル	×				×		
ツアーマイルプレミアム年会費	2,200			無料	2,200		
入会時初回搭乗ボーナスマイル(単位:マイル)	1,000	5,000		1,000	1,000	5,000	
毎年初回搭乗ボーナスマイル(単位:マイル)	1,000	2,000		1,000	1,000	2,000	
フライトボーナスマイル(%)	10%	25%	25%	10%	10%	25%	25%
空港ラウンジ無料(*)	×		○	×	×		○
空港免税店割引	5%	10%		5%	5%	10%	
付帯保険(携行品)	×	○	あり	あり	なし	あり	あり

凡例 ○:あり、×:なし
*空港ラウンジとはJALのラウンジとは異なる空港内カード会員向け有料ラウンジを指す

JALカード比較一覧(法人カード除く)

JCBブランド

数字単位:円(税込)(一部注記付き除く)

カード会社	JCB					小田急OPカード			ビューカード(JALカードSuica)		
費用科目/カード種別	一般	CLUB-A	CLUB-Aゴールド	プラチナ	学生	一般	CLUB-A	CLUB-Aゴールド	一般	CLUB-A	CLUB-Aゴールド
本会員年会費	2,200	11,000	17,600	34,100	0	2,200	11,000	17,600	2,200	11,000	20,900
本会員年会費初年度無料	○	×			○	○	×		○	×	
家族会員年会費	1,100	3,850	8,800	17,080	設定なし	1,100	3,850	8,800	1,100	3,850	8,800
家族会員年会費初年度無料	○	×			設定なし	○	×		○	×	
ショッピングマイル	200円＝1マイル	100円＝1マイル				200円＝1マイル	100円＝1マイル		200円＝1マイル	100円＝1マイル	
ショッピングマイルプレミアム年会費	3,300	無料(自動入会)				3,300	無料(自動入会)		3,300	無料(自動入会)	
アドオンマイル	×			200円＝2マイル	×	×			×		
ツアーマイルプレミアム年会費	2,200				無料	2,200			2,200		
入会時初回搭乗ボーナスマイル(単位:マイル)	1,000	5,000			1,000	1,000	5,000		1,000	5,000	
毎年初回搭乗ボーナスマイル(単位:マイル)	1,000	2,000			1,000	1,000	2,000		1,000	2,000	
フライトボーナスマイル(%)	10%	25%			10%	10%	25%		10%	25%	
空港ラウンジ無料(*)	×		○		×	×		○	×		○
空港免税店割引	5%	10%			5%	5%	10%		5%	10%	
付帯保険(携行品)	×	○				×	○		×	○	

凡例 ○:あり、×:なし
*空港ラウンジとはJALのラウンジとは異なる空港内カード会員向け有料ラウンジを指す

JALカード比較一覧(法人カード除く)

アメックス&ダイナースブランド

数字単位:円(税込)

ブランド	アメリカン・エキスプレス			ダイナース
カード会社	三菱UFJニコス			三井住友トラストクラブ
費用科目/カード種別	一般	CLUB-A ゴールド	プラチナ	JALダイナースカード
本会員年会費	6,600	20,900	34,100	30,800
本会員年会費初年度無料	○	×		×
家族会員年会費	2,750	8,800	17,050	9,900
家族会員年会費初年度無料	○	×		×
ショッピングマイル	200円=1マイル	100円=1マイル		100円=1マイル
ショッピングマイルプレミアム年会費	3,300	無料(自動入会)		無料(自動入会)
アドオンマイル	×	100円=1マイル	100円=2マイル	×
ツアーマイルプレミアム年会費	2,200	2,200		2,200
入会時初回搭乗ボーナスマイル(単位:マイル)	1,000	5,000		5,000
毎年初回搭乗ボーナスマイル(単位:マイル)	1,000	2,000		2,000
フライトボーナスマイル(%)	10%	25%		25%
空港ラウンジ無料(*)	○			○
空港免税店割引	5%	10%		10%
付帯保険(携行品)	なし	○		○

凡例　○:あり、×:なし
*空港ラウンジとはJALのラウンジとは異なる空港内カード会員向け有料ラウンジを指す

JALカード比較一覧(法人カード除く)

クラブEST

数字単位:円(税込)

費用科目/カード種別	一般	CLUB-A	CLUB-A ゴールド
本会員年会費	2,200	11,000	17,600
本会員年会費初年度無料	○	×	×
家族会員年会費	1,100	3,850	8,800
家族会員年会費初年度無料	○	×	×
JAL CLUB EST年会費	5,500		2,200
家族カードJAL CLUB EST年会費	2,200		
ショッピングマイル	100円=1マイル		
ショッピングマイルプレミアム(100円=1マイル)年会費	無料(自動入会)		
アドオンマイル	×	×	×
ツアーマイルプレミアム年会費	2,200		
入会時初回搭乗ボーナスマイル(単位:マイル)	2,000	6,000	
毎年初回搭乗ボーナスマイル(単位:マイル)	3,000	2,000	
フライトボーナスマイル(%)	15%	30%	
空港ラウンジ無料(*)	×	×	○
空港免税店割引(%)	5%	10%	
付帯保険(携行品)	×	○	

凡例　○:あり、×:なし
*空港ラウンジとはJALのラウンジとは異なる空港内カード会員向け有料ラウンジを指す

JAL Payでためる

JALマイルをためたりつかったりできる新しい決済方法として、2023年3月にスタートしたのが「JAL Pay」です。以前は、「JAL Global WALLET」（JGW）として利用されていましたが、アプリ環境が整備され「JAL Pay」と名称が変更され、利用方法も拡大しています。

●200円＝1マイル積算

「JAL Pay」を使うと、積算対象に該当すると基本として200円にJALマイルが積算されます。

●月間利用額などでボーナスマイル獲得

JAL NEOBANK口座を持つ会員で次の三つの条件を満たす会員は、ボーナスマイルとして150マイルが加算されます。(1)JAL NEOBANKから2万円／月以上JAL Payへチャージ、(2)JAL Payを2万円／月以上利用、(3)月間1回以上、QUICPay™（クイックペイ）ま

●ポイント

❶JAL Payは従来あったJAL Global WALLETが発展したスマホ決済サービス。
❷多様なチャージ方法が可能で、自己所有のマイルもチャージに使える。
❸ショッピングマイルは200円＝1マイルだが、ボーナスマイルが獲得可能JAL PLAZAなら最大200円＝8マイル獲得も可能。

たは日本円以外で決済。なお出金不可残高（クレジットカードチャージ残高）からの利用は利用金額の対象外となります。JAL機内販売、全国のJAL PLAZA、CoralwayでJAL Pay決済「QRコードを読み取る」を利用するとショッピングマイルに加えボーナスマイルが獲得でき、最大200円＝8マイルたまります。

●多彩なチャージ方法が可能なスマホ決済

「JAL Pay」を使うには、事前にチャージする必要がありますが、口座振替チャージ（JAL NEOBANK・住信SBIネット銀行）、インターネットバンキングチャージ、銀行振込チャージ、クレジットカードチャージ、マイルチャージといった多様なチャージ方法が可能です。

●JALマイルからもチャージ可能

マイル口座にあるマイルを「JAL Pay マイルチャージ」として、最低500マイルからチャージに使えます。スマホを使わずWEBからチャージに利用できる「JAL Global WALLET（JGW）カード」は、JAL Payを設定してから申し込む方法に変わりました。JGWカードは12歳以上から使えます。

◀JAL Payスマホ（アンドロイド）画面
JGWよりも多彩なチャージ方法が可能になりました。

◀JAL Pay

Pontaコースを選択する

JMBではマイレージプログラムではめずらしく、航空会社のマイルのかわりに、提携ポイントであるPontaをためるコースが選択できます。Pontaは幅広い提携企業がある共通ポイントサービスです。

●Pontaコースを選択する

マイルのかわりにPontaをためるにはJMB会員に入会した後、JMB×Ponta会員登録（無料）を行ない「Pontaコース」を選びます。「Pontaコース」と「マイルコース」を併用することはできません。

●交換率ではあまり有利とはいえない

JALマイルは特典航空券やWAONなど多様な特典に交換でき、1マイルの利用価値は交換対象品によっては1マイル＝数十円相当にもなります。Pontaポイントは基本的に1ポイント＝1円相当で条件面でマイルより有利とは思えません。JMB×Ponta会員登録すると都度JALマイルをPontaへ交換でき、1万マイル以上ならより有利な使い方ができます。

●ポイント

❶マイルにかえて初めからPontaがためるコースが「Pontaコース」。
❷マイルと同時にPontaをためることはできない。
❸ポイントとマイルの価値を比較すると有利なため方といえない。

◀Pontaコース

国内線搭乗でためる①
運賃種別やサービスステイタスで異なるフライトマイル数

国内線のＪＡＬ便利用（有償搭乗）でのマイル積算（獲得）は、同じ区間を利用しても運賃の種別の他、サービスステイタス会員区分によって積算されるマイル数が異なります。また航空券購入の際に、支払い手段をＪＡＬマイルがたまる提携クレジットカードや電子マネーで支払うことで、さらにマイルを加算できることに留意しましょう。

●フライトマイル数算出のしくみ

ＪＡＬ国内線の搭乗ではツアーでの利用も含め、一部運賃（団体運賃等）を除きほとんどがマイル積算対象です。その際、運賃の種別（ＪＡＬ国内線フライトマイル運賃別積算率一覧Ｐ123参照）と会員のサービスステイタスで、獲得できるマイル数が同じ区間を搭乗しても異なります。獲得マイル数は次の計算式で算出されます。ＪＡＬカード会員とサービスステイタス会員のボーナスマイルは後述します。区間基本マイル数は別表（ＪＡＬ国内線区間基本マイル数Ｐ125）を参照して下さい。

●ポイント

❶国内線の有償搭乗では、運賃の種別と会員のサービスステイタスによって、同じ区間を搭乗しても獲得マイル数が異なる。

❷ＪＡＬグループ便航空券をＪＡＬカードでＪＡＬサイトや空港窓口で直接購入すると、他のショッピング等の利用よりＪＡＬマイル積算率が高率。

❸搭乗後6か月以内に事後登録が可能で、搭乗半券等いずれかの用紙（原券）が必要。

フライトマイル数＝区間基本マイル数×運賃種別積算率＋（搭乗クラス加算：クラスJまたはファーストクラス利用時）

獲得マイル数はJALホームページから「マイルをためる」へ遷移し、右サイドにある「国内線フライトマイル数を調べる」で簡単に計算できます。

●クラスJやファーストクラスのフライトマイル加算

JAL国内線で搭乗クラス（座席）がクラスJまたはファーストクラスを利用した場合には、クラスJは10％、ファーストクラスは50％の区間基本マイル数がフライトマイルとして加算されます。ただしマイル積算対象外運賃で当日空港にてファーストクラス料金、クラスJ料金を支払い利用した場合は、ファーストクラス、クラスJ利用分のマイル追加加算はありません。

●小児のマイル積算

100％マイル積算だった小児普通運賃は2023年の運賃改定で運賃体系が変わり、現在の新しい小児運賃運賃では運賃種別によってマイル積算率で大人と同様にマイルが加算されます。航空機での家族旅行の機会の多い方は、お子様もJMBに加入し、家族のマイルを有効活用しましょう。

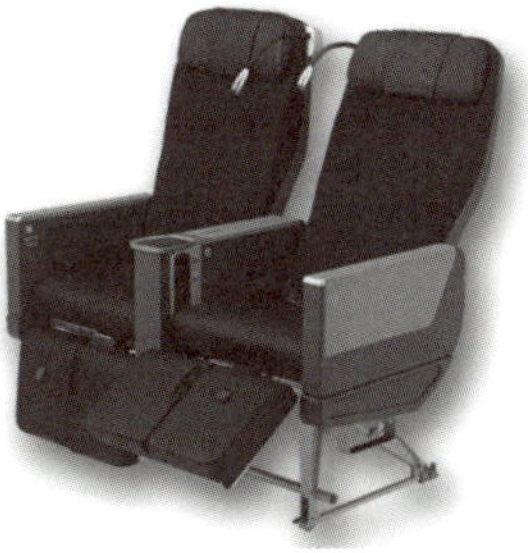

◀JAL国内線クラスJシート（A350）クラスJ搭乗では区間基本マイルの10％がプラス積算されます。

◀JAL国内線マイル計算WEB

●コードシェア便でのマイル積算

ＪＡＬと共同運航している他社運航のコードシェア便の搭乗でのマイル積算は、航空券がＪＡＬ便名の場合に限り、ＪＡＬ便としてマイル積算の対象です。

●ＪＡＬカードでのＪＡＬグループ航空券直接購入はマイル積算が高率

ＪＡＬグループ便航空券をＪＡＬカードでＪＡＬサイトや空港窓口で直接購入すると、ＪＡＬマイル積算率が１００円＝２マイルと高率です。特にプラチナなどでのアドオンマイルが加わると最大１００円＝４マイル積算されます。

●ＪＡＬカードツアープレミアムでの割引運賃のマイル増量

ＪＡＬカードのオプションプログラム「ＪＡＬカードツアープレミアム（年会費２２００円）」では、国内線の割引運賃（スペシャルセイバーやツアー運賃）でも）区間マイルの１００％マイル積算されます。ただしセイバー、往復セイバーやフジドリームエアラインズ、天草エアライン、オリエンタルエアブリッジ運航のコードシェアで利用の場合は、スペシャルセイバーは対象外です。

◀フジドリームエアラインズ機
ＪＡＬコードシェア便はＪＡＬ便名での搭乗でマイル積算できます。

●事後登録

搭乗時にマイレージ登録を忘れた場合、搭乗日当日に空港にて予約便を変更したりアップグレードをしたりしてマイルが自動積算されない場合や、搭乗した航空会社側のシステム事由など搭乗後にマイルが積算されない場合等の諸事情でマイル積算されない場合、搭乗後翌日午後以降、6か月以内に事後登録が可能です。こうしたトラブルに備え、事後登録に必要な「搭乗券」、「搭乗案内」のいずれかの用紙（原券）を半年間は保存しておきましょう。

JAL国内線フライトマイル運賃別積算率一覧(2025年3月現在)

運賃種別	積算率	該当運賃例
運賃1	100%	フレックス、JALカード割引、ビジネスフレックス、離島割引、特定路線離島割引
運賃2	75%	株主割引
運賃3	75%	セイバー、往復セイバー
運賃4	75%	スペシャルセイバー
運賃5	50%	パッケージツアーに適用される個人包括旅行運賃など
運賃6	50%	プロモーション、当日シニア割引、スカイメイト

JMBサービスステイタス会員、JGC会員、JALカード会員マイルアップボーナス(JAL国内線)**積算率**

JMBサービスステイタス会員(JGC以外)

ステイタス区分	クリスタル	サファイア	ダイヤモンド
積算率	55%	105%	130%

JGC会員

ステイタス区分	ワンワールドサファイア	クリスタル	サファイア	JGCプレミア	ダイヤモンド
積算率	35%	55%	105%	105%	130%

JALカード会員

カード区分	一般	学生	CLUB-A	CLUB-A ゴールドダイナース	プラチナ
積算率	10%	10%	25%	25%	25%

6.福岡発着	
搭乗区間	マイル数
沖縄(那覇)	537
花巻	724
仙台	665
新潟	572
松本	461
静岡	451
出雲	188
徳島	242
高知	187
松山	131
天草	78
対馬	81
五島福江	113
宮崎	131
鹿児島	125
屋久島	225
奄美大島	360

7.沖縄(那覇)発着路線	
搭乗区間	マイル数
仙台	1,180
小松	873
岡山	690
松山	607
北九州	563
奄美大島	199
沖永良部	107
与論	74
北大東	229
南大東	225
久米島	59
宮古	177
石垣	247
与那国	316

8.函館発着路線	
搭乗区間	マイル数
旭川	162
釧路	194
奥尻	72
三沢	80

9.仙台発着路線	
搭乗区間	マイル数
出雲	483

10.出雲発着路線	
搭乗区間	マイル数
静岡	304
隠岐	65

11.静岡発着路線	
搭乗区間	マイル数
北九州	419
熊本	448

12.熊本発着路線	
搭乗区間	マイル数
天草	42

13.長崎発着路線	
搭乗区間	マイル数
壱岐	60
五島福江	67
対馬	98

14.宮崎発着路線	
搭乗区間	マイル数
広島	196

15.鹿児島発着路線	
搭乗区間	マイル数
静岡	268
岡山	268
広島	223
高松	260
松山	181
種子島	88
屋久島	102
喜界島	246
奄美大島	242
徳之島	296
沖永良部	326
与論	358

16.奄美大島発着路線	
搭乗区間	マイル数
喜界島	16
徳之島	65
沖永良部	92
与論	125

17.与論発着路線	
搭乗区間	マイル数
沖永良部	34

18.沖永良部発着路線	
搭乗区間	マイル数
徳之島	30

19.宮古発着路線	
搭乗区間	マイル数
石垣	72
多良間	39

20.石垣発着路線	
搭乗区間	マイル数
与那国	80

21. 南大東発着路線	
搭乗区間	マイル数
北大東	8

JAL国内線区間基本マイル数

1.東京(羽田・成田)発着	
搭乗区間	マイル数
大阪	280
札幌	510
名古屋	193
福岡	567
沖縄(那覇)	984
女満別	609
旭川	576
釧路	555
帯広	526
函館	424
青森	358
三沢	355
秋田	279
花巻	284
仙台	177
山形	190
小松	211
南紀白浜	303
岡山	356
出雲	405
広島	414
山口宇部	510
徳島	329
高松	354
高知	393
松山	438
北九州	534
大分	499
長崎	610
熊本	568
鹿児島	601
奄美大島	787
久米島	1,018
宮古	1,158
石垣	1,224

2.大阪(伊丹・関西)発着	
搭乗区間	マイル数
札幌	666
福岡	287
沖縄(那覇)	739
女満別	797
旭川	739
釧路	753
帯広	711
函館	578
青森	523
三沢	536
秋田	439
花巻	474
仙台	396
山形	385
新潟	314
松本	183
但馬	68
隠岐	165
出雲	148
松山	159
大分	219
長崎	330
熊本	290
宮崎	292
鹿児島	329
種子島	379
屋久島	402
奄美大島	541
徳之島	603
宮古	906
石垣	969

3.神戸発着	
搭乗区間	マイル数
青森	523
花巻	474
新潟	314
松本	183
出雲	148
高知	119

4.札幌(新千歳・丘珠)発着	
搭乗区間	マイル数
名古屋	614
福岡	882
根室中標津	178
利尻	159
女満別	148
釧路	136
函館	90
奥尻	123
青森	153
三沢	156
秋田	238
花巻	226
仙台	335
山形	321
新潟	369
松本	507
静岡	592
出雲	696
広島	749
徳島	715

5.名古屋(中部)発着	
搭乗区間	マイル数
沖縄(那覇)	809
釧路	690
帯広	652
青森	465
秋田	380
花巻	409
仙台	322
山形	315
新潟	249
出雲	226
松山	246
高知	201
福岡	374
北九州	342
長崎	417
熊本	375
鹿児島	411
宮古	979
石垣	1,044

国内線搭乗でためる②

国内ツアー（旅行商品）

ＪＡＬ便を利用した国内ツアー商品（ＪＡＬダイナミックパッケージ等）でもマイル積算ができます。旅行代理店発売のツアーには団体扱いのものがあり、団体扱い運賃の旅行商品はマイル積算の対象外です。ＪＡＬ便を利用した国内ツアーでマイルを確実にためたい場合は、事前にマイルがたまるツアーかを申込先に確認して利用しましょう。

●国内ツアーでのフライトマイルは積算率50％

ＪＡＬ便利用のツアーでマイルがたまるツアーには「マイルがたまる」という表示があります。フライトでの積算は個人包括旅行運賃が対象で、区間マイルの50％積算されます。

●ツアーマイルの増量

ＪＡＬが直接販売の国内ツアー（ＪＡＬダイナミックパッケージ）を利用すると、参加代表者にフライトマイルに加えて、旅行代金に応じて１００円

●ポイント

❶ＪＡＬグループ便を利用した国内ツアー商品でもフライトマイル積算が可能。
❷旅行代理店の団体扱い運賃を使った旅行商品（ツアー）はマイル積算の対象外。
❸「ツアーマイル」獲得には、出発前にＪＭＢツアーニュースの事前登録が必要。

＝1マイルの「ツアーマイル」がたまります。さらに、毎月25日の予約にはツアーマイルが2倍（100円＝2マイル）たまります。（JALで行く東京ディズニーリゾート®、JALで行くユニバーサル・スタジオ・ジャパンへの旅は、2倍マイルの対象外）**「ツアーマイル」獲得には、ツアー出発前にJMBツアーニュースの会員登録が必要**です。

●ツアーでフライトマイルが増量できるJALカードツアープレミアム

前述のとおりJALカードには「JALカードツアープレミアム」という有料（年会費2200円（税込））のオプションプログラムがあり、ツアーでのフライトマイル（基本区間マイル50％）が、100％に増量されます。

●JALカードでのツアー商品割引

JAL国内ツアー商品（ダイナミックパッケージ）をJALカード専用サイトから申し込みJALカードでの購入なら参加者全員2％割引となります。

◀ツアーマイル説明ホームページ画面
ツアーマイル獲得には出発前にJMBツアーニュースの会員登録が必要です。

◀JALダイナミックパッケージ

ＪＡＬ国内線搭乗でためる③

ＪＡＬグループ国内線搭乗でのマイルアップボーナス

ＪＡＬグループ便国内線利用（有償搭乗）時に、ＪＡＬカード会員やサービスステイタス会員はフライトボーナスマイル（マイルアップボーナス）が獲得できます。

●マイルアップボーナスの仕組み

マイルアップボーナスは以下の計算式で算出されます。区間基本マイル数は前項の別表（Ｐ125）ＪＡＬ国内線区間基本マイル数を、運賃種別ごとの積算率は前項別表（Ｐ123）ＪＡＬ国内線フライトマイル運賃別積算率一覧を、プレミアムスメンバー・カード種別積算率は前項別表（Ｐ123）ＪＭＢサービスステイタス会員、ＪＧＣ会員、ＪＡＬカード会員マイルアップボーナス（ＪＡＬ国内線）積算率を参照下さい。

マイルアップボーナス＝区間基本マイル数×運賃種別ごとの積算率×マイルＵＰ積算率（サービスステイタス又はＪＡＬカードの種別で異なる）

●ポイント

❶ＪＡＬグループ便国内線での有償搭乗では、ＪＡＬカード会員やサービスステイタス会員は、フライトボーナスマイルが獲得可。

❷フライトボーナスマイル獲得には、搭乗クラスと航空運賃の種別の積算率が影響。

❸クレジット機能付きのＪＭＢ提携カードはＪＡＬカードではないのでフライトボーナスマイルは付かない。

国内線搭乗でためる④

ジェットスター・ジャパン（GK）日本国内線

ＪＡＬが資本参加の格安航空会社のジェットスター・ジャパン（ＧＫ）の日本国内線でも、運賃の種類によりＪＡＬマイルがためられます。

●マイル積算対象運賃は2種に限定で区間マイルの30％

積算対象の運賃は、「Ｓｔａｒｔｅｒ Ｆｌｅｘ」運賃（Ｆｌｅｘ）」と「Ｓｔａｒｔｅｒ Ｆｌｅｘ Ｐｌｕｓ」運賃（Ｆｌｅｘ Ｐｌｕｓ）」で、オプション選択時にＪＡＬマイルを選択した場合に区間マイルの30％のフライトマイルがたまります。また条件によっては搭乗便の変更等柔軟なサービスもあります。電話や空港カウンターで確かめ上手に利用しましょう。

●格安運賃のメリットを生かす

検索機能を使って、運賃の安い便を探せるのが格安航空会社のメリットです。搭乗日直前でも空席状況によっては安いこともあれば、先の予約であっても、ＪＡＬの事前購入型割引運賃などと大差ないことがあります。

●ポイント

❶LCCのジェットスター・ジャパン（GK）の国内線便の利用でも、運賃を選べばJALマイルがためられる。
❷マイル積算対象運賃でオプション選択時にJALマイルを選択した場合に区間マイルの30％が積算可能。
❸ネット予約の検索機能を使ってなるべく運賃の安い便を探すことが格安航空会社のメリット。

国際線搭乗でためる①

国際線搭乗でのマイル積算に重要な予約クラス

国際線では運賃体系が複雑で、マイル積算に重要な運賃種別で異なる予約クラス（ブッキングクラスともいいます）によって、同じ座席クラスを利用しても、マイル獲得数は異なります。一部積算対象外の運賃もあります。

●フライトマイル獲得のしくみ

国際線の搭乗では、国内線ではマイル積算対象外の団体運賃でも予約クラスによってはマイル積算可能です。運賃の種別（JAL国際線予約クラス別マイル積算率一覧（P132）参照）で同じ座席クラスに搭乗しても、積算マイル数は異なります。獲得マイル数は次の計算式で算出されます。

フライトマイル数＝区間基本マイル数×運賃種別（予約クラス）の積算率

獲得マイル数はＪＡＬホームページの「マイルをためる」から右サイド中段にある「国際線フライトマイルを調べる」を利用して簡単に計算できます。

●ポイント

❶ＪＡＬ国際線で同じ搭乗クラスの座席を利用しても、運賃で異なる予約クラスによってはマイル積算率が異なる。

❷ＪＡＬと共同運航している他社運航のコードシェア便の搭乗のマイル積算は、ＪＬ便名で予約、搭乗のみが積算対象。

❸複雑な獲得マイル計算はＪＡＬホームページの「国際線フライトマイルを調べる」を利用して簡単に計算できる。

◀ＪＡＬ国際線マイル計算ＷＥＢ

●コードシェア便とチャーター便でのマイル積算

ＪＡＬ便名の臨時便・コードシェア便での搭乗でのマイル積算は、ＪＬ便名で予約、搭乗のみが積算対象となります。チャーター便積算率は原則区間基本マイレージの50％です。予約クラスＩを利用の場合は70％の積算率です。

●ツアーでのマイル積算

ＪＡＬ便での個人包括旅行運賃（パッケージツアーなど）、団体包括旅行運賃および団体記録にて搭乗の場合、ビジネスクラスは70％、プレミアムエコノミークラス・エコノミークラスは50％の積算率となります。

●小児運賃でのマイル積算

国際線小児運賃のマイル積算は、大人運賃と同様予約クラスに基づきます。

●事後登録

事前登録を忘れた場合や、搭乗した航空会社側のシステム事由などで搭乗後にマイルが積算されない場合等でマイル積算されないなら、搭乗後6か月以内に事後登録が可能です。こうしたトラブルに備え、事後登録に必要な「eチケット控え」（航空会社および旅行会社などで発行される、航空券番号・運賃情報・予約クラスなどが明示された証票または航空券のお客様控え（コピー可））と搭乗券（原券）は半年間保存しておきましょう。

ＪＭＢホームページで利用できる便利な区間マイル数計算機
前ページ下段のＱＲコードを使ってアクセスできる区間マイル計算機を使うと、世界各地の空港間の基本マイル数がわかります。マイルをためるにもつかうにも便利なＷＥＢです。

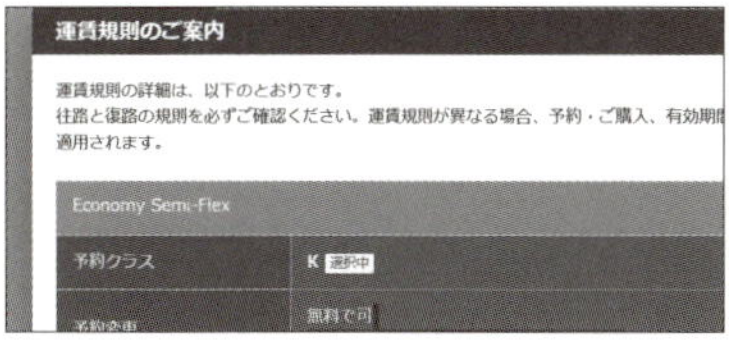

◀航空券購入の際に運賃規則ご案内で表示される予約クラス
国際線のマイル積算に重要なのは予約クラス。

5.その他発着	
搭乗区間	マイル数
札幌ー上海	1,364
札幌ーソウル	870
札幌ー台北	1,682
札幌ー高雄	1,859
札幌ーホノルル	3,755
札幌ー香港	2,131
青森ーソウル	791
小松ー上海	925
小松ーソウル	547
新潟ー上海	1,101
新潟ーソウル	684

5.その他発着	
搭乗区間	マイル数
富山ー台北	1,229
富山ー上海	971
静岡ー上海	995
静岡ー台北	1,207
岡山ー上海	756
岡山ーソウル	457
広島ー上海	697
広島ー台北	946
高松ー台北	991
松山ー上海	675
長崎ー上海	505

5.その他発着	
搭乗区間	マイル数
宮崎ー台北	771
熊本ー高雄	951
鹿児島ー上海	541
鹿児島ーソウル	459
鹿児島ー台北	733
沖縄ー上海	504
沖縄ーソウル	785
沖縄ー台北	398
沖縄ー高雄	523
沖縄ー香港	906

JAL国際線予約クラス別マイル積算率一覧(2025年1月)

搭乗クラス	予約クラス	積算マイル率
ファーストクラス	F,A	150%
ビジネスクラス	J・C・D・I	125%
	X	70%
プレミアムエコノミー	W,R	100%
	E	70%
エコノミークラス	Y、B	100%
	H・K・M	70%
	L・V・S	50%
	O・Z・G・Q・N	30%

JAL国際線区間基本マイル数一覧

1.東京(羽田・成田)発着	
搭乗区間	マイル数
厦門	1,520
ウラジオストク	676
ウランバートル	1,893
グアム	1,561
クアラルンプール	3,338
ケアンズ	3,651
広州	1,822
コナ	3,996
ゴールドコースト	4,497
コロンボ	4,266
サンディエゴ	5,554
サンフランシスコ	5,130
シアトル	4,775
シカゴ	6,283
シドニー	4,863
ジャカルタ	3,612
上海	1,111
シンガポール	3,312
瀋陽	987
西安	1,767
ソウル	758
台北	1,330
大連	1,042
高雄	1,491
ダラス・フォートワース	6,436
デリー	3,656
デンパサール	3,472
天津	1,268
ドーハ	5,143
ドバイ	4,957
南京	1,245
ヌメア	4,348
ニューヨーク	6,739
ハノイ	2,294
パペーテ	5,882
パリ	6,207
バンクーバー	4,681
バンコク	2,869
バンダルスリブガワン	2,660
釜山	618

1.東京(羽田・成田)発着	
搭乗区間	マイル数
フランクフルト	5,929
北京	1,313
ヘルシンキ	5,229
ベンガルール	4,147
ホーチミンシティ	2,706
ボストン	6,700
ホノルル	3,831
香港	1,823
マドリード	6,795
マニラ	1,880
メキシコシティ	7,003
メルボルン	5,091
モスクワ	4,664
ロサンゼルス	5,458
ロンドン	6,220

2.大阪(関西)発着	
搭乗区間	マイル数
厦門	1,246
煙台	802
クアラルンプール	3,084
ケアンズ	3,625
広州	1,545
杭州	926
昆明	2,037
ジャカルタ	3,379
上海	831
瀋陽	808
ソウル	525
台南	1,216
台北	1,061
昆明	2,038
済州島	507
ジャカルタ	3,379
上海	831
瀋陽	808
ソウル	525
台南	1,216
台北	1,061
大連	818

2.大阪(関西)発着	
搭乗区間	マイル数
高雄	1,228
青島	864
デンパサール	3,274
ドバイ	4,721
ハノイ	2,014
バンコク	2,592
福州	1,122
ヘルシンキ	5,123
ホノルル	4,106
香港	1,548
ロサンゼルス	5,721
ロンドン	6,108

3.名古屋(中部)発着	
搭乗区間	マイル数
上海	919
ソウル	598
台北	1,142
青島	945
天津	1,112
釜山	435
ヘルシンキ	5,162
ホノルル	4,019
香港	1,632
ロンドン	6,147

4.福岡発着	
搭乗区間	マイル数
上海	545
ソウル	347
台北	802
青島	601
釜山	133
武漢	973
ホノルル	4,390
香港	1,272

国際線搭乗でためる②

海外ツアー

国内線利用の団体旅行では概ねマイル対象外ですが、国際線利用の団体旅行は、マイル積算対象の予約クラス運賃に該当すればマイルがたまります。

●海外ツアー（旅行商品）でのマイル積算

ＪＭＢ提携航空会社便を利用した海外ツアーは個人向けのパッケージツアーに加え、団体旅行でもマイルが積算可能で、予約クラスに応じてフライトマイルがたまります。ＪＡＬパック等マイルがたまるという表示があるツアー以外でのマイル積算の有無は事前に旅行代理店で確認可能です。

●事後登録

海外ツアーではツアー参加者の旅行会社でのマイレージ未登録、航空会社側のシステム問題などで搭乗後にマイルが積算されないなどがあります。場搭乗後6か月以内に事後登録が可能です。登録に必要な「eチケット控え」（航空会社および旅行会社などで発行される、航空券番号・運賃情報・予約クラスなどが明示された証票または航空券のお客様控え（コピー可））と搭

●ポイント

❶国際線では団体旅行でも、マイル適用の予約クラスなら、積算の対象となる。
❷海外ツアーで参加者のマイレージ会員登録がなされていないためマイル加算されない対策の事後登録に備え、必要書類を半年間は保管する。
❸ＪＡＬカード専用サイトでＪＡＬカード決済すると海外ツアー「ＪＡＬパック」は6%、「海外ダイナミックパッケージ」は2%が会員を含めた参加者全員が割引適用となる。

乗券（原券）、旅行代理店発行の旅行の旅程表やツアー代金の領収書（ツアー番号などツアー内容の明記したもの）などを半年間は保存しておきましょう。

●JALカードでの海外ツアー割引

JALの海外ツアーをJALカード専用サイトから申し込みJALカードでの購入なら、パッケージツアー（6％）、海外ダイナミックパッケージ（2％）の代金が参加者全員割引となります。

●JALツアーマイルの獲得

JALの海外ツアー（海外ダイナミックパッケージ、JAL eトラベルプラザで申し込みの海外パッケージツアー、JALで行く語学留学）を利用すると、旅行代金（100円＝1マイル）の「ツアーマイル」がたまります。毎月25日の予約にはツアーマイルが2倍たまります。「**ツアーマイル」獲得には、ツアー出発前にJMBツアーニュースの登録が必要**です。

●JALカードツアープレミアムの威力

「JALカードツアープレミアム」（年会費2200円（税込））では、ツアーでのフライトマイル（基本区間マイルの70％・50％）が、100％に増量されます。特に海外ツアーではマイル増量に効果的です。

◀JALパックツアー画面
JALパックはマイルがたまる海外ツアーです。

◀JAL海外旅行・海外ツアー

国際線搭乗でためる③

国際線搭乗でのマイルアップボーナス

ＪＡＬカード会員はＪＡＬ国際線に、ＪＭＢサービスステイタス会員とＪＧＣ会員はＪＡＬ国際線に加え一部提携航空会社（アメリカン航空、ブリティッシュエアウエイズ、イベリア航空、マレーシア航空（日本－マレーシア間））にマイル積算運賃で搭乗すると、マイルアップボーナスが獲得できます。国際線でのフライトボーナスマイル獲得にも、航空運賃の予約クラスのマイル換算率が大きく影響します。

●ボーナスマイル数のしくみ

ボーナスマイル数は次の計算式で算出されます。ＪＡＬ便の区間基本マイル数はＰ133の別表（ＪＡＬ国際線区間基本マイル数一覧）を、運賃種別ごとの積算率はＰ132の別表（ＪＡＬ国際線予約クラス別マイル積算率一覧、またはＰ143ＪＭＢ提携航空会社マイレージ積算率一覧）を、マイルＵＰ積算率は次ページのＪＭＢマイルアップボーナス（ＪＡＬ国際線&提携航空会社）換算率一覧を参照して下さい。

●ポイント

❶サービスステイタス会員はＪＡＬ国際線でフライトボーナスマイルを獲得可能。
❷ＪＡＬカード会員もＪＡＬ国際線ではフライトボーナスマイルを獲得可能。
❸フライトボーナスマイルにも航空運賃の予約クラスは積算に大きく影響する。

マイルアップボーナス＝区間基本マイル数×運賃種別（予約マイル）マイル換算率×マイルＵＰボーナス積算率

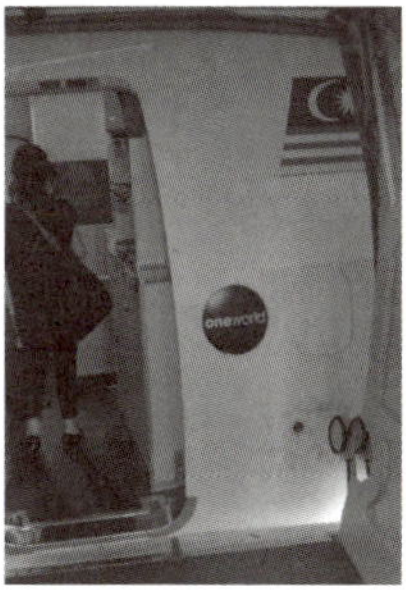

◀マレーシア航空
サービスステイタス会員とＪＧＣ会員は日本↔マレーシア間でマイルアップボーナスが獲得できます。

JMBマイルアップボーナス（JAL国際線&提携航空会社）換算率一覧

JMBサービスステイタス会員（JGC以外）

ステイタス区分	クリスタル	サファイア	ダイヤモンド
日本航空グループ・アメリカン航空	55%	105%	130%
ブリティッシュ・エアウェイズ	25%	100%	100%
イベリア航空	25%	50%	100%
マレーシア航空（日本-マレーシア間）	25%	35%	50%

JGC会員

ステイタス区分	ワンワールドサファイア	クリスタル	サファイア	プレミア	ダイヤモンド
日本航空グループ・アメリカン航空	35%	55%	105%	105%	130%
ブリティッシュ・エアウェイズ	35%	50%	100%	100%	100%
イベリア航空	35%	50%	50%	100%	100%
マレーシア航空（日本-マレーシア間）	35%	25%	35%	50%	50%

JALカード会員

	一般	学生	CLUB-A	CLUB-Aゴールドダイナース	プラチナ
JALグループ便	10%	10%	25%	25%	25%

JAL以外の航空機利用でためる①
ワンワールド加盟航空会社便

JALマイルはワンワールド加盟航空会社便の搭乗でもためられます。同時に「FLY ONポイント」の獲得もできます。

●マイルの積算のしくみ

獲得マイルは区間基本マイルに予約クラスの積算率を掛けた計算式で算出されます。予約クラスの積算率は各社によって異なります。

①特典未使用でのマイルの戻し入れ手数料は無料。

②JALカード家族プログラムとJALファミリークラブ マイルプール特典に参加の家族は、交換に必要なマイル数の合算利用可。

③路線や期間によって本特典利用でマイルが戻るキャンペーンがあります。

フライトマイル数＝区間基本マイル数×運賃種別（予約クラス）の積算率

●FLY ONポイントとマイルアップボーナス

ステイタス獲得に必要な「**FLY ONポイント**」**はワンワールド加盟会社便搭乗でも獲得可能**です。ステイタスのある会員やJGC会員は**アメリカ**

●ポイント

❶ワンワールド加盟航空会社便の有償搭乗では、JALマイルと同時に「FLY ONポイント」の獲得も可能。

❷アメリカン航空便、ブリティッシュ・エアウエイズ便、イベリア航空便、マレーシア航空便（日本―マレーシア間）に限り、サービスステイタス会員はフライトボーナスマイルも獲得可能。

❸ワンワールド加盟航空会社の運航するコードシェア便のJALマイル積算対象便は各航空会社別に個別の条件規定がある。

ン航空便、ブリティッシュ・エアウエイズ便、イベリア航空便、マレーシア航空便（日本―マレーシア間）にマイル加算対象運賃での搭乗なら、マイルアップボーナスが個別の条件で獲得可能です。

●サービスステイタス会員の共通サービス

ワンワールド加盟航空会社では、サービスステイタス会員はそのステイタスによって共通の優遇サービスが受けられます。

●マイル積算対象外の運賃

航空会社によってマイルが積算されない予約クラスがあります。

●FLY ONポイントとマイルアップボーナス

①ワンワールド加盟航空会社の運航するコードシェア便のJALマイル積算対象便は各航空会社別に個別の条件規定があります。

②アメリカン航空：アメリカ国内の2クラス便（エコノミークラス・ファーストクラスサービス便）の場合、ファーストクラスは航空券の予約クラスに準じ、ビジネスクラスの積算率を適用。

③QF便名でジェットスター（JQ）、ジェットスターアジア（3K）、ジェットスター・ジャパン（GK）の運航する便は積算対象外。QF便名でJQが運航便をワンワールド運賃の"L"クラスで搭乗は積算対象。

◀ブリティッシュ・エアウエイズ機（A320）の機内説明冊子。
ブリティッシュ・エアウエイズはワンワールド加盟の航空会社です。

◀JMB提携航空会社

JAL以外の航空機利用でためる②

ワンワールド以外の提携航空会社便

ＪＭＢのマイレージ提携はワンワールド加盟以外の航空会社にもあり、フライトマイルがためられます。各社ごとに積算の諸条件は異なります。

●フライトマイル積算のしくみ

獲得マイルは区間基本マイルに運賃種別（予約クラス）の積算率を掛けた計算式です。予約クラスは各航空会社によって異なります。**予約クラスや搭乗区間、コードシェア便等、マイル積算対象外の規定に注意**して下さい。

フライトマイル数＝区間基本マイル数×運賃種別（予約クラス）の積算率

●マイルアップボーナスとＦＬＹ ＯＮポイント

ワンワールド加盟以外のＪＭＢ提携航空会社便搭乗では、サービスステイタス会員の一部航空会社で獲得できる**マイルアップボーナスやステイタス獲得に必要な「ＦＬＹ ＯＮポイント」は獲得できません。**

●ポイント

❶ワンワールド加盟以外のＪＭＢ提携航空会社便の有償搭乗では、ボーナスフライトマイルや「ＦＬＹ ＯＮポイント」は獲得不可。
❷搭乗区間や予約クラスでフライトマイルの対象外規定がある。
❸ワンワールド加盟以外のＪＭＢ提携航空会社便のコードシェア便搭乗では、各社ごとに適用条件が異なる。

●コードシェア便でのフライトマイル積算

ワンワールド加盟以外のＪＭＢ提携航空会社便のコードシェア便搭乗では、各社ごとに適用条件が異なります。詳しくはＪＭＢホームページの各社別のフライトマイルの条件欄を参照して下さい。

●注意したい個別条件

①**ＬＡＴＡＭ航空**：ＬＡＴＡＭ航空グループが運航する国内線区間では、Ｘ／Ｎ／Ｑ／Ｏ／Ｇ／Ａの予約クラスはマイル積算対象外。

②**エールフランス航空**：ＡＦ便名のＴＧＶ、タリス（列車）利用は積算対象外。また日本－パリ間エコノミークラスの予約クラス（Ｍ、Ｕ、Ｋ、Ｐ、Ｆ、Ｗ、Ｈ、Ｌ、Ｑ、Ｓ、Ａ、Ｔ、Ｅ、Ｎ、Ｒ、Ｖ、Ｇ、Ｘ）は積算対象外。

③**エミレーツ航空**：ＥＫ便名のバスを利用の場合や、日本－ドバイ線において予約クラス（Ｕ、Ｂ、Ｍ、Ｋ、Ｔ、Ｌ、Ｑ、Ｖ）は積算対象外。

④**大韓航空**：マイル積算はＫＥとＪＬの運航する日本－韓国線が対象。ＫＥとＪＬのコードシェア実施路線、かつＫＥ便名で発券した場合に限り積算。

⑤**ハワイアン航空**：ハワイ－北米間は積算対象外。

◀エールフランス搭乗ゲート（パリ・CDG空港）
エールフランスはＪＭＢとマイル提携している航空会社です。

◀ＪＭＢ提携航空会社

(会社名＊は下段注記参照)ジェットスター・ジャパンはP129参照

コード	プレミアムエコノミー		ビジネスクラス			ファーストクラス		
	100%	70%	125%	100%	70%	150%	125%	100%
AS	W, P, R	—	J	C, D, I	—	F, A	—	—
AA	W, P	—	J, C, D, R, I	—	—	A, F	—	—
BA	W, E, T	—	J, C, D, R, I	—	—	F, A	—	—
FA	W, E	T, P	J, C, D	—	I,R	—	—	—
IB	W, E, T	—	J, C, D, R	—	I	—	—	—
QR	—	—	J, C, D, I, R	—	P	F, A	—	—
AT	—	—	J, C, D, I	—	—	—	—	—
IR	—	—	J, C, D	I, Z	—		—	—
S7	—	—	J, C, D, I	—	—	—	—	—
CX	R, W	E	J, C, D, P	—	I	F, A	—	—
MH	—	—	J, C, D	—	Z	F, A	—	—
QF	—	—	J, C, D, I	—	—	F, A	—	—
UL	—	—	J, C, D	—	I	—	—	—
HA			J, P, C, D	A	—	—	—	—
	—	—	—	—	—	—	F, P, C, D	A
LA/XL	W, P	—	J, C, D, I, Z	—	—	—	—	—
AF	W, S, A	—	J, C, D, I, Z	—	O	P, F	—	—
EK	W, E	—	J, C, I	—	O, P, H	F, A	—	—
PG			C, D	—	—	—	—	—
MU	W, P	—	J, C, D, I, Q, U	—	—	F	—	—
	W, P	—	J, C, D, I, Q, U	—	—	F	—	—
KE	—	—	J, C, D, I, R	—	Z	P, F	—	—

JMB提携航空会社マイレージ積算率一覧(2025年1月現在)

区分	航空会社	コード	エコノミークラス						
			100%	70%	50%	30%	25%	20%	15%
ワンワールド加盟	アラスカ航空	AS	Y, B	H, K, M	L, V, S, N, Q, O	G, X	—	—	—
	アメリカン航空	AA	Y	H, K, M	L, V, S, N, G	O, Q	—	—	—
	ブリティッシュ・エアウエイズ(*1)	BA	Y, B	H	K, M, L, V, S, N	Q, O, G	—	—	—
	フィンエアー	FA	Y, B	H, K, M	L, V, S	—	N, Q, O, Z	—	—
	イベリア航空	IB	Y, B	H, K	L, M, V, F, Z, G	—	S, N, O, Q, A	—	—
	カタール航空	QR	Y, B, H	—	K, M	L, V, S, N, Q, G, W	—	—	—
	ロイヤル・エア・モロッコ	AT	Y, B, H	K, M, L, V	S, N, Q	T, R, W, P, G, O		—	—
	ロイヤルヨルダン航空	IR	Y	B, H, K, M	L, V, S, N, Q	—	O, P, W	—	—
	S7航空	S7	Y	—	B, H,	—	K, M, L, V, T, R, S, N, Q, O, W	—	—
	キャセイパシフィック航空	CX	Y	—	B, H, K, M, L	—	—	—	—
	マレーシア航空(*2)	MH	Y, B, H	—	K, M	—	L, V, S	—	—
	カンタス航空	QF	Y, W	R, T, B, H	K, M, V, L	—	—	—	—
	スリランカ航空	UL	Y, B, P, H	K, W, M, E	L, R, V, S	N, Q, O	—	—	—
マイレージ提携	ハワイアン航空(国際線)	HA	Y	W, X, Q	V, B, S, N, M, I, H, G	K, L	—	—	—
	ハワイアン航空(ハワイ諸島間)(*3)		Y, W, X, Q, V, B, S, N, M, I, H, G, K, L	—	—	Z	—	—	—
	LATAM航空	LA/XL	Y, B	H, K, M, L	V, X, S, N, Q, O, G	A	—	—	—
	エールフランス航空(*4)	AF	Y, B	M, U, K, P, F, W	H, L, Q, S, A	—	—	T, E, N, R, V, G, X	—
	エミレーツ航空(*5)	EK	—	Y, R, X	U, B, M, K	T, L, Q	—	—	V
	バンコクエアウェイズ	PG	Y,M,K, N,T,L,H	—	V, Q, G, B	—	—	—	—
	中国東方航空(中国発国際線)	MU	Y	B, M, E, H	K, L, N, R, S, V	T	—	—	—
	中国東方航空(国内線)		Y	B, M, E	K, L, N, R, S, V	T,H	—	—	—
	大韓航空(日本-韓国便)(*6)	KE	W, Y, B	M	S, H, E	K, L, U	—	—	—

例外規定(*)

*1:コードシェア便は、BA便名でワンワールド アライアンス加盟航空会社およびBAフランチャイズ <Sun-Air of Scandinavia A/S(EZ)、Comair Pty Ltd.(MN)>、子会社 <BA CityFlyer(CJ)>が運航する便のみ積算対象

*2:ビジネススイートはファーストクラスと同じ積算率

*3:ハワイアン航空:ハワイー北米線はマイル積算対象外。コードシェア便はHA便名でJLが運航する便のみ積算対象。

*4:エールフランス航空:日本ーパリ間のエコノミークラス運賃(予約クラス)M, U, K, P, F, W, H, L, Q, S, A, T, E, N, R, V, G, X クラスは積算対象外

*5:エミレーツ航空航空:日本-ドバイ線のU, B, M, K, T, L, Q, V(予約クラス)は積算対象外

*6:大韓航空:KEとJLの運航する日本ー韓国線が対象。(KEとJLのコードシェア実施路線、かつKE便名で発券した場合に限定。)

JMB提携企業のショッピングでためる①

JAL MALL等のJAL系ネットショッピング

ショッピングでJALマイルをためるには、(1)JMBサービス、(2)JALカード特約店、(3)JAL Pay加盟店の対象サービスがあります。(1)と(2)の両方が対象なるケースもあり、JALカード利用は好条件を獲得できます。この好条件に該当するのが、JALや関連会社が運営するJAL系のネットショッピングサイトです。ここ数年は提携内容の変化が大きいので、JALホームページを定期的に点検するとお勧めします。

●JAL MALLでためる

以前のJALショッピングや機内販売のオンラインストアなど複数のEC関連サイトを一つのサービスに集約し、ECの利便性を高め、JALのネットショッピングは2023年5月に発足のJAL MALLへ発展・充実しました。購入金額100円（税抜）につき1マイルがたまります。さらにJALカード特約店なので最大100円で3マイル積算可能です。

●ポイント

❶JALのホームページ経由でアクセスする提携ネットショップの利用でマイルがためられる。

❷JMB eマイルパートナーは、国内在住会員のネットモールでAmazonも参加。

❸JALカード特約店のマイル増量はネットショッピングでも可能。

●JAL eマイルパートナーでためる

JMBのネットモールがJMB eマイルパートナーで、国内在住会員のネットショッピングでマイル獲得の基本サイトです。JMBホームページからアクセス（JMBのお客様番号（10桁）とパスワードを入力）して提携ネットショップを利用することでマイルがためられます。またJALカード特約店は100円につき2マイル（ショッピングマイルプレミアム会員）がたまります。ジャンル別項目ではショップが重複掲載となっているものがあります。提携企業数と分野が非常に多いので本書で紹介しきれません。詳しくはJMBのホームページを参照してください。**特筆すべき点は「Amazon」がeマイルパートナーでJALマイルが獲得できる**ことです。各サイトでは随時キャンペーンを実施していますので、そのタイミングを上手に利用することでマイルを増量できる点に留意しましょう。

●JMBワールドマーケットプレイス／ネットショッピングでためる

こちらのサイトは世界中で利用可能です。マイルの積算条件は提携ショップ毎に異なります。マイルの積算単位は日本円でなくUSD（米国ドル）となっています。

◀JAL MALLトップ画面（PC）
2023年3月から新装なったJALのネットショッピングサイトです。

◀JAL MALL

JAL MILEAGE BANK

ＪＭＢ提携企業のショッピングでためる②

店舗の利用

本項では実際の国内店舗でのマイル獲得ついて解説します。宿泊や交通など旅行関連、飲食店等は各項目の説明に含めて説明していますので、それぞれを参照して下さい。

●ＪＭＢ提携加盟店（ＪＭＢマイルパートナー／ＪＡＬ ＭＩＬＥＡＧＥ ＰＡＲＫ）

ＪＭＢ会員ならＪＭＢカードでもＪＡＬカードでもマイル加算条件を満たせばマイル獲得できる店舗です。

●ＪＡＬカード限定のマイル提携（ＪＡＬカード特約店）

ＪＭＢホームページに掲載の提携企業でＪＡＬカード特約店の店舗は、ＪＡＬカード払いで通常の2倍のマイルが獲得できます。次項の提携企業名の＊印がついたもので、一部はＪＭＢマイル提携が同時適用（＊＊）されます。

●店舗系マイル提携企業

店舗系マイル提携企業は多岐にわたり、限られた紙面ですべてを紹介できません。ここではその代表例に留めます。詳しくはＪＭＢホームページの

●ポイント

❶店舗利用でのマイル積算ではＪＭＢ提携とＪＡＬカード提携（ＪＡＬカード特約店）、ＪＡＬ Ｐａｙの３タイプある。
❷ＪＡＬカード特約店でＪＭＢ提携のマイル積算がダブルで積算となるお店もある。
❸企業とのマイル提携とその条件の改廃は頻繁。利用にあたり関連ホームページの事前チェックが必須。

「マイルパートナー」の項目を参照下さい。店舗系のマイル獲得条件は改廃が頻繁ですから、利用にあたっては事前の点検を推奨します。

①**百貨店**：大和、大丸（＊）、松坂屋（＊）
②**コンビニ・スーパー**：ファミリーマート（＊）、イオン（＊）
③**ドラックストア・薬局**：マツモトキヨシ（＊＊）、ウエルシア（＊）
④**衣料、ファッション、バッグ**：コナカ（＊＊）、ＳＵＩＴ ＳＥＬＥＣＴ（＊）
⑤**家電**：ビックカメラ、ノジマ（＊）
⑥**家具・旅行用品**：ＩＤＣ大塚家具、サムソナイトショップ 直営店
⑦**眼鏡・補聴器**：銀座メガネ、リオネット補聴器専門店グループ（＊）
⑧**スポーツ**：スノーキャン、コール ハーン 銀座本店（＊）
⑨**学習・資格**：生涯学習のユーキャン、京成ドライビングスクール
⑩**車両・自動車整備品**：カーコンビニ倶楽部、日本ペイント（Ｊp・it店）
⑪**空港宅配**：ＪＡＬエービーシー（＊＊）
⑫**モバイル・Ｗｉ‐Ｆｉルーター**：ＪＡＬ ＡＢＣ ＷＩＦＩレンタル（＊＊）
⑬**ハウスキーピング**：おそうじ本舗
⑭**引っ越し**：アート引越センター、サカイ引越センター、福山通運
⑮**中古車買い取り**：ＪＣＭ（ジェイシーエム）

◀ビックカメラ（有楽町店）
実店舗の買い物でもマイルがためられます。

◀JMB MILEAGE PARK

JALマイル提携企業のショッピングでためる③
航空券購入・機内販売・空港売店

航空券のJALのWEBや空港カウンターでJALからの直接購入では、JALカード払いならJALカード特約店なので高率マイル積算が適用されます。JALの機内販売では一般のJMBカードでもマイルがためられ、JALカードでの支払いはJALカード特約店扱いです。空港売店（JAL PLAZA）では「JAL Pay」支払いでJAL PLAZAボーナスの加算があります。

●JALカード支払いでのアドオンマイルとなるJAL系企業とは

JALカードの種別でプラチナとJAL アメリカン・エキスプレス・カードCLUB-Aゴールドカードには、JALグループでの購入で積算率が高率となるアドオンマイルのサービス（次ページ下段参照）が付与されます。この対象は、JALグループの航空券、機内販売、通信販売、ツアーの4分野です。ツアー以外はJALカード特約店です。最終的に航空券購入ではプラチナでは100円＝4マイル、JAL アメリカン・エキスプレス・

●ポイント

❶JAL機内販売ではJMBカードでもマイルがためられる。
❷航空券のJALから直接購入では一部のJALカードはアドオンマイル対象となりマイル増量可。
❸機内販売でのJALカードでの支払いはJALカード特約店扱い。

◀JALカードアドオンマイル

カードCLUB‐Aゴールドカードでは100円＝3マイルが積算条件となります。JALホテルやJAL PLAZAなど系列企業での購入はこのマイル優遇積算（アドオンマイル）は対象外です。

●機内販売でためる

①機内販売ではJMBカードでの機内販売マイル積算は100円＝1マイル。
②JALカードでの支払で通常価格より10％割引。
③JALカードなら200円＝4マイル、ショッピングマイルプレミアム会員なら100円＝3マイルが積算。
④JALカードのプラチナは100円＝5マイル、JALアメリカン・エキスプレス・カードCLUB‐Aゴールドカードなら100円＝4マイル積算。
⑤マイルの事後登録は不可。

●空港売店JAL PLAZAでのJAL Payコード決済なら最大200円＝8マイル

国内空港売店のJAL PLAZAでのJAL Payコード決済（コードを読み取る）すると、ボーナスマイル（JALカードショッピングマイルプレミアム加入会員なら最大200円＝8マイル）は、自動積算されます。

JALカード　アドオンマイルの対象商品と購入場所一覧

対象商品	JALカード特約店	購入場所
JALグループ国内線・国際線航空券、ペット料金事前お支払いサービス*（国内線のみ）	○	・日本国内のJALグループカウンター ・電話申し込み（JALグループ国内線予約・JAL国際線予約） ・JAL Webサイト（航空券購入機能のあるJAL海外地区Webサイトを含む）※インド地区サイトの購入分は対象外 ・JALオンライン（個人クレジットカードのみ） ・ペット料金事前お支払いサービスは、JAL アメリカン・エキスプレス・カードのみ対象でかつJAL Webサイトでの支払いが対象
機内販売特約店	○	・JAL国内線・国際線機内販売 ・JTA機内販売
ツアー	×	・AL eトラベルプラザ

ポイント交換でためる①

ポイント交換はマイレージ攻略の要

ＪＡＬマイレージバンクは世界に類をみないほど提携サービスが多様で、その根幹をなすのが**ポイント交換でマイルをためることで、ＪＭＢ攻略の要**です。

●ポイント交換のしくみを知る

Ｐｏｎｔａなどの共通ポイントサービスの普及と非現金決済の進展でポイントサービスの重要性は高まる一方です。それに伴ってポイント交換サービスもますます拡大しています。マイルを上手にためるには、ポイント交換のしくみを知り、それを使いこなすことが欠かせません。

●有利な交換ルートや条件でのマイル交換

ＪＡＬマイルに交換可能な各種ポイントは、交換に際してＪＡＬマイルへ直接交換するよりも一旦別のポイントに交換し、そこから**ＪＡＬマイルに再度交換する方が好条件となる場合があります。**ポイント交換の総合サイト

●ポイント

❶マイルを上手にためるには、ポイント交換のしくみを知り、それを使いこなすことが欠かせない。
❷ポイント交換はＪＡＬマイルへ直接交換するよりも一旦別のポイントに交換し、そこから再度ＪＡＬマイルに交換する方が好条件となるルートもある。
❸ポイント交換のタイミングはポイントの有効期限を意識して、マイルを使いこなすためにも重要な要点。

「ポイント探検倶楽部」はそのルート発見に役立ちます。こうした機能を使うには、特定カード会員であることが条件であったり、交換に要する日数がかかったりするなどの種々の制約もあり、一筋縄ではいきません。関連サイトの情報を参考にして、自分なりのポイント交換ルートを確立して下さい。

●JALマイル交換に重要な4タイプのポイント

とにかく最近の日本はなにからなにまでポイントだらけの世の中になってきました。消費税アップでのポイント還元に端を発し、脱現金決済の推進、ビックデータでの産業革新にむけて、政府がバックアップしてポイント事業を推奨しています。さてそのような環境にあるのですから、私達消費者は賢く漏れなくこのお得なポイントを獲得する方法を身に着けたいものです。実は消費関連のポイントには以下の各段階で獲得できます。工夫次第では一つの買い物で4種のポイントを全部獲得することも可能です。しかもその全部がJALマイルへ交換可能となるケースもないことはありません。

①クレジットカードポイント：クレジットカードのポイントでは、特にJALには自社グループに独自のクレジットカード「JALカード」があり、他の航空会社の提携クレジットカードと比べても抜群に多機能でマイル優遇策

◀JMBeマイルパートナーのポイント交換
JMBではポイント移行と表示されています。

が多く、ＪＡＬマイルを積極的に活用するなら必携のカードです。さらに今では複数種のクレジットカードを利用することも多くなり、その他のクレジットカードのポイントをＪＡＬマイルに交換できる点は活用すべき事項です。

②非現金決済系でのポイント：電子マネー、デビッドカード、プリペイドカードなどクレジットカード以外の非現金支払で付くポイントです。チャージ型マネーにクレジットカードでのチャージができるカードはその組み合わせによっては、①のクレジットカードポイントもダブルで獲得できます。最近の増加しているＱＲコード決済ではＪＡＬマイルが積算可能なものはＪＡＬＰａｙがあります。ＰａｙＰａｙの支払いではＪＡＬマイルはためられません。対応する店舗によってＱＲコード決済は使い分ける必要があります。

③ネットポイント：インターネット上で運営する「ポイントポータルサイト」（ネット検索などの入口となるトップのＷＥＢサイトで、そのサイトを経由してサービスを利用するとそのサイトの独自ポイントが獲得できる）のポイント獲得です。代表例としてはＧポイント、モッピー、などがあり、ポイントの交換機能を有しているものが多いのが特徴です。そのためＪＡＬマイルに直接交換できないポイントでも、このサイトの交換機能を使ってＪＡ

◀d払い　スマホ画面（アンドロイド）
たまったｄポイントはＪＡＬマイルと交換できます。

Lマイルに交換できるものがあります。

④ショッピングポイント&共通ポイント：発足当初からある旅行関連（ホテル、レンタカー等）に加え、多方面の消費活動全般で獲得できるのが、提携企業のショッピング（実店舗&ネット販売）で獲得できるポイントです。VポイントやPontaのような共通ポイント、ケータイ会社のポイントもこの分類となります。

これ以外にも来店ポイントや紹介ポイント等様々なポイントがあり、ネットポイントの交換機能を利用して、これら様々なポイントも最終的にJALマイルと交換できる場合があります。

●交換のタイミングと交換単位等

JALマイルは有効期限が約3年です。各種のポイントにも有効期限があります。ポイント交換のタイミングはこの有効期限を意識し、マイルをつかいこなすために重要な要素です。また交換レートが優遇されるキャンペーンや一定数以上等の条件もあることも知っておくべき事項です。

◀モッピー（JALマイル交換解説画面）マイル口座へは4週間交換期間がかかります。

◀ポイント移行

ポイント交換でためる②

クレジットカードのポイント

世界中のほとんどのマイレージにあるのが、クレジットカードポイントのマイル交換提携サービスです。**ＪＡＬカードとクレジット機能付きＪＭＢカードのポイント交換は本章で前述してあります**ので、本項ではこの他のクレジットカードのマイル交換提携サービスのポイント交換について解説します。

●交換条件比較の問題点

各クレジットカードのＪＡＬマイルへのポイント交換条件の優劣は、ポイント還元率だけの計算から単純には比較できません。今日ではクレジットカードはカード会社のオリジナルカードに加え、各企業との提携カードが多くなり、カードをその系列企業での支払いに使うとポイント付与率が高率になる等、複雑な条件の組み合わせがあります。ゴールドカード等のカード種別や年間利用額等の様々な条件で最終的な獲得ポイント数が決まるからです。別表のポイント交換一覧Ｐ157は一応の目安と割り切って利用

●ポイント

❶クレジットカードのポイントをマイルに交換する提携サービスは世界中のマイレージに共通のサービス。

❷クレジットカードポイントのＪＡＬマイルへの交換では、カードによってマイル移行手数料や交換上限の設定がある。交換単位の制約、カードの種別で差が付くランク制度などの諸条件に注意。

❸利用場所、カード種別、年間利用額など様々な条件で最終的な獲得ポイント数が決まるため、クレジットカードのポイント交換条件の優劣は、ポイント還元率だけの計算から単純には比較できない。

して下さい。

●クレジットカードポイント獲得の諸条件

クレジットカードのポイント制度もマイレージと同様に複雑化してきています。ポイント獲得に有利な条件として以下のような制度に注目して下さい。

①自社系列企業やネット通販等特定利用先でのポイントアップ。
②年間の利用額によってポイントが高率化又はボーナスポイント付与。
③カードの種別でポイントの有効期限や付与率が異なる。
④誕生月に利用でポイント付与条件が優遇などのカードオリジナル施策。
⑤追加の有料移行手数料を使うとポイント交換率が優遇される制度。

◀エムアイカード
クレジットカードのポイントもJALマイル獲得の重要な項目です。

◀クレカポイント

(2025年1月現在)

交換後マイル積算率(利用額1,000円あたり)	最低交換ポイント数	交換単位ポイント数	年間上限マイル数	備考
3	500	500	なし	
3.3	3,000	3,000	なし	
4	2,500	2,500	なし	
2.5～4	1,000	1,000	なし	
5	1,000	500	なし	
2～6	1,000	1,000	なし	交換は年1回
3	1,000	500	150,000	
＊	1,000	＊	150,000	
2.5～75	1,000	500	なし	プラチナ・ゴールド会員のポイント無期限
2	200	100	なし	
8	200	100	なし	1回の移行は有料(6,600円)で1,900ポイントが上限
5～50	3,000	1,000	なし	
2.5～5	500	500	なし	カード種類でポイント有効期限が異なる
2.5～3.75	500	500	150,000	一部カードのポイント有効期限が1年
2.5～5	1,000	1,000	なし	
3	200	200	なし	
2.5	500	500	なし	
3	500	1	なし	他の航空会社マイルとの提携カードのOkiDokiポイントは移行不可
2.5	1,000	500	なし	
3	500	100	なし	
6	500	100	なし	
2.5	200	200	なし	
10	10	10	150,000	SAISON MILE CLUB年会費がカード種別で(5,500円/9,900円税込)必要
2.5～4	1,000	1,000	なし	
4	2,500	2,500	なし	プレミアムカード会員は移行料無料
2	200	100	なし	
3 ～60	1,000	1,000	なし	ゴールドカードは一般加盟店でポイント優遇
1.25～5	5,000	1,000	なし	
各種カードで異なる	1,000	1,000	150,000	
2	200	100	なし	
2.4	200	100	なし	
5～約1.7	334	2または3	なし	新車・中古車購入時に申請で最高交換率 利用サービスで1回の交換上限マイル数あり
3	100	100	150,000	加盟各社で条件等が異なる
3～6	300	100	15,000	
1.5～3	300	100	7,500	
2.5～5	4,000	4	150,000	
2～3	200	100	なし	
2.5	200	200	なし	
2.5	1,000	1,000	なし	
2	200	200	150,000	

JALマイルへ交換できるクレジットカードポイント一覧(JALカード以外)

航空会社	ポイントプログラム名/カード会員区分	ポイント最長有効期限	ポイント移行年会費(円、税込)
アプラス	アプラス ポイント	2年後の14日	なし
アメリカン・エキスプレス	一般	3年(条件付き無期限)	なし
	メンバーシップ・リワード・プラス	なし	3,300
出光カード	プラスポイント	3年	なし
イオンカード	WAON POINT	2年	なし
インペリアルクラブカード	インペリアルクラブ ポイントプレゼント	2年	なし
NCカード	ほくせんカード	＊	なし
	エヌシーおびひろ(NCカード)	＊	
エポスカード	エポスポイント	2年	なし
MUFGカード	グローバルポイント(ポイント移行コース)	2年(3年)	なし
	グローバルポイント(マイレージプログラム)		3,300
エムアイカード	エムアイポイント	25ヶ月	なし
OCカード	OCポイント	2年	なし
OCSカード	OCSお楽しみポイント	2年(1年)	なし
オリコカード	オリコポイント	2年	なし
九州日本信販カード	ナイスナイスプレゼント	2年後の12月31日	なし
トワライズカード	夢わくわくプレゼント	2年	なし
JCBカード	Oki Dokiポイントプログラム	24～60ヶ月	なし
ジャックスカード	ラブリィポイント	2年後の月末	なし
JAカード	わいわいプレゼント	2年	なし
	わいわいプレゼント・ゴールドカード	3年	なし
セゾンカード	永久不滅ポイント	なし	なし
	永久不滅ポイント(SAISON MILE CLUB)	なし	なし
三井住友カード	わくわくポイント	2年	
ダイナーズカード	ダイナースグローバルマイレージ	なし	6,600
DCカード	DCハッピープレゼント	3年	なし
TOKYU CARD	TOKYU POINTサービス	3年	なし
ティーエスキュービックカード	ポイントプラス	5年	なし
TS CUBIC CARD(提携カード)	トヨタファイナンス・マイレージプラン	カードごとの設定	なし
NICOSカード	わいわいプレゼント	2年	なし
	ゴールドポイントプログラム	3年	なし
日産カード	日産ポイント	60ヶ月	なし
日専連カード(一部対象会社)	各社別のポイント	2年	なし
ポケットカード	マイルCLUB (セレクトコース)	約2年	3,300
	マイルCLUB (スタンダードコース)	約2年	なし
マツダm'zPLUSカード	マツダm'zPLUSカードポイント	51ヶ月	なし
三菱UFJ銀行 スーパーICカード/ICクレジットカード	三菱UFJポイント	3年	なし
UCカード	永久不滅ポイント/UCポイント	なし/2年	なし
UCSカード	Uポイント	2年	なし
りそなカード《セゾン》	マイルアッププラン<JAL コース>	3年	なし

＊:該当カード会社ホームページに表示なし。

ポイント交換でためる③
電子マネーやＱＲコード決済等のポイント

スマホの普及に伴い電子マネーやＱＲコード決済等のクレジットカード以外の非現金決済で各種の支払いをする比率が高まってきています。この支払い方法でも独自のポイントがたまり、種類によってＪＡＬマイルに交換できます。

●ポイントの多重取りに注目

電子マネーやＱＲコード決済等のポイント獲得のしくみでは、ポイントによってポイントの多重取りが可能であることが注目されます。

①チャージでのポイント獲得：電子マネーやＱＲコード決済では決済前にその決済口座やカードに事前にチャージが必要となります。そのチャージにクレジットカードを使うと、カードの種別によってチャージ分にそのクレジットカードのポイントがつくものがあります。

②電子マネーやＱＲコード決済等の支払い手段でのポイント獲得：決済分の独自ポイントが獲得できる電子マネーやＱＲコード決済があります。交換

●ポイント

❶電子マネーやＱＲコード決済などのクレジットカード以外の非現金決済で獲得できるポイントをＪＡＬマイルに交換できる。
❷クレジットカード以外の非現金決済で獲得できるポイントは、チャージ、支払い手段、支払い額で多重取りが可能。
❸ポイントの付与条件によってポイント獲得できないケースや、ＪＡＬマイルで交換できないポイントもある点に注意。

◀ＱＵＩＣＰａｙ

ルートを工夫すると、直接ＪＡＬマイルへ交換するより交換率で好条件になるケースがある。

③支払い額に応じたポイント獲得：販売店舗などでは支払い手段の如何を問わず、その店舗で利用した金額に応じて付与（獲得）できるポイントも獲得できる店舗が多数あります。

●ポイント積算と交換条件の条件差

ＱＲコード決済や電子マネーでポイントの多重取りができないケースは、前述の①での電子マネーなどのチャージをポイント付与対象にしていないクレジットカードがあること。②では付与されたポイントがＪＡＬマイルに交換可能なポイントへ交換できないものがあること。また③では購入品目によってポイント付与対象外のものがある。といった事情があります。こうした面を考慮するとＪＡＬマイル獲得には限定的な支払い方法です。各個人の日常の消費スタイルに適合した好条件な利用方法に絞ってＪＡＬマイルをためる手段のひとつに活用する方法といえます。

電子マネーとQR決済のポイントのJALマイル交換一覧

名称	ポイント	JALマイルへの交換
nanaco	nanacoポイント	×
Suica	JREポイント	△
WAON	WAONポイント	△
楽天Edy	楽天ポイント	○
Quick Pay	対応するカード会社のポイント	○
d払い	dポイント	○
PayPay	PayPayポイント	×

○：直接交換可能　△：特定のJMB提携カード会員限定　×：直接交換不可

ポイント交換でためる④
ネットポイント

ポイントポータルサイトとはネットショップや各種サービスを一括紹介するＷＥＢサイトです。このサイトでは、そのサイト独自のポイント（ネットポイント）がためられるだけではなく、他のポイントを交換する機能を有するものがあります。**ＪＡＬマイルへ直接交換できないポイントでも、この機能をつかい最終的にＪＡＬマイル交換が可能**になります。

●ネットポイントの注目機能

①**ポイント交換機能**：インターネットポイントの交換機能を使うと、ＪＡＬマイルへ直接交換できないポイントを最終的に交換できるケースがある。

②**交換率アップ**：交換ルートを工夫すると、直接ＪＡＬマイルへ交換するより交換率で好条件になるケースがある。

③**交換条件**：交換手数料、交換期間、上限など付帯条件がある点に注意。

④**ポイ活に有用**：アンケート回答、口コミ等でポイント増量が可能。

●ポイント

❶ＪＭＢマイレージパーク対象のポータルポイントサイトを使い（経由し）各種ネットショップやサービスを利用すると、サイトの独自ポイント（ネットポイント）がためられ、そのポイントもＪＡＬマイルへ交換可能。

❷ポータルポイントサイトにはポイント交換機能があるサイトが多く、この機能を使い様々なポイントをＪＡＬマイルへ交換可能。

❸ショッピング以外に、アンケートや資料請求などでもＪＡＬマイル交換可能なポイント獲得が可能。

JALマイルへ交換可能なネットポイント一覧

2025年1月現在

ポイント名	1マイル交換のポイント数	最低交換ポイント数	交換単位ポイント数	マイルへ反映期間	手数料	年間上限
モッピー	2	1,000	1,000	約4週間	なし	なし
Gポイント	3	30	30	約2～4週間	なし	なし
ハピタス	3	3,000	3,000	約25営業日以内	なし	なし
So-netポイント	2.5	250	25	(2025年3月終了)	なし	なし
ちょコム	3.3	100	100	2週間～1ヵ月	なし	なし
ちょびリッチ	4	800	400	約1～2ヵ月	なし	なし
ドットマネー	2	500	500	約半月～1ヵ月	なし	なし
ネットマイル	6	1,200	1,200	約1～2ヵ月	1回につき200mile	なし
PeX	40	4,000	4,000	約半月～1ヵ月半	なし	なし
ポイントインカム	30	4,500	4,500	約1～2カ月	なし	なし
ポイントタウンポイント	2.5	1,250	1,250	翌月20日前後	なし	なし
i2iポイント(アメフリ)	30	3,000	3,000	4週間	なし	なし

◀ポイントサイト

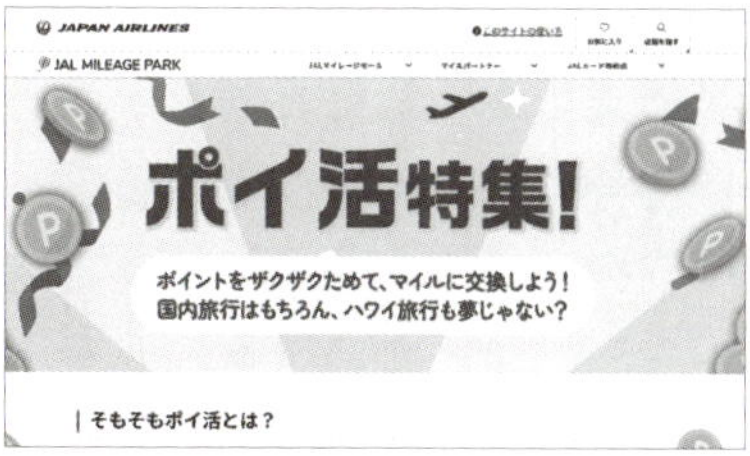

◀JMBマイルパートナー検索画面
マイレージでもポイ活が人気です。

ポイント交換でためる⑤
ショッピングポイント

本項の「ショッピングポイント」とは、JALホームページでの「マイルをためる→日常で」と遷移する項目で「ポイント移行」に区分されているもののうち、前掲の「クレジットカード」、「QRコード決済」、「ネットポイント」以外に、日常の支出で獲得できるポイントとして分類し解説します。ただしホテル、運輸、金融関係のポイントは、別項で後述します。「ショッピングポイント」は、色々な企業で共通利用できる「共通ポイント」と、固有の企業グループでの「企業ポイント」の二つに分類されます。

●共通ポイントの注意点

①**交換数制限**：JALマイルへの交換にあたり、1回または月間の交換数量に制限があるものがある。

②**優遇キャンペーン**：「Ponta」や「楽天ポイント」などは、年に数回交換マイル数が増量される優遇キャンペーンを実施してきた実績があり、こう

●ポイント

❶「ショッピングポイント」とは様々な業種の企業と提携して、ショッピングやサービス利用の支払いでたまる「共通ポイント」と固有企業の「企業ポイント」の二つのタイプがある。

❷Pontaポイントは各種ポイントからの交換したポイントもJALマイルへ交換できる機能に注目。

❸共通ポイントに変身したdポイントはJALマイルへの交換単位が大きく、年間上限がある。

◀共通ポイント

した機会を生かすことでマイルがためやすくなります。

●企業ポイントの注意点

固有の企業グループでの「企業ポイント」は、交換先が限定されかつ交換単位や交換期間などで応用性が低いものが多くあります。

◀**和多利　Wポイント**　西日本中心の共通ポイントサービス。JALマイルへ交換できます。

JALマイルへ交換できるショッピングポイント一覧

2025年1月現在

区分	ポイント名	1マイルあたりのポイント数	最低交換ポイント数	交換単位ポイント数	マイルへ反映期間	手数料	交換上限
共通ポイント	Ponta	2	2	2	約1週間	なし	なし
	楽天ポイント(*1)	2	50	2	約1週間	なし	月間2万ポイント 1回5,000ポイント
	dポイント	2	1,000	1,000	最長6週間	なし	月間4万ポイント
	和多利　W ポイント	約3.3	1,000	1,000	約3カ月	なし	なし
	EZOCA	3	300	300	最長約4週間	なし	なし
	CNポイント	4	400	400	約2カ月	なし	1回最大10口(1,000マイル)
	マイグリーンスタンプWEB(*2)	4	4,000	4,000	約1カ月	なし	年間8万マイル
共通ポイント	CLUB Panasonic コイン	4	300	300	約半月〜1カ月半	なし	月間2万ポイント 1回5,000ポイント
	クリクラポイント	約12.67	3,800	3,800	最長約6週間	なし	月間4万ポイント
	ACCORDIA GOLFポイント	2	2,000	2,000	最長約6週間	なし	なし
	トヨタレンタカーマイル	0.1	10	1	約2カ月	なし	なし
	タイムズポイント	2	400	200	約1カ月	なし	なし
	マツキヨポイント	2.5	500	500	約1カ月〜2カ月	なし	なし
	JUN GLOBAL IDポイント	2	2,000	2,000	約2カ月	なし	なし
	プレミアム優待倶楽部(WILLsCoin)	5	500	500	約半月〜1カ月	なし	なし

*1:交換は24時間に1回限定
*2:この他にグリーンスタンプギフト券・ポイント券10枚=1,000マイル、グリーンスタンプ台紙10冊=1,000マイルも可能

JAL MILEAGE BANK

宿泊でためる①

宿泊でJALマイルをためる五つの方法

JALマイレージバンク（JMB）では、宿泊施設や宿泊予約サイトとの提携が多く、最もポピュラーなマイル獲得の機会です。JMBでの宿泊でマイルをためる方法は、次の五つに大別されます。

●JALマイルがためられる宿泊利用法は大きく分けて五つの方法

①**JALホームページを経由した提携ネット予約**でためる。

②**JMB提携ホテル**でのホテルマイル登録でためる。

③**JALカード特約店の宿泊施設に泊まりJALカードで払い**マイルをためる。

④**JALマイルに交換できるホテルポイント**の交換でためる。

⑤**JALマイルに交換できるポイントポータルサイト経由で宿泊予約サイト**を利用してためる。

●ポイント

宿泊でJALマイルがためられる利用法は、「JALホームページを経由した提携ネット予約」、「JMB提携ホテル」、「JALカード特約店の宿泊施設」、「ホテルポイントのJALマイル交換」、「ポータルサイト経由で宿泊予約サイト」の五つに大別。

宿泊でためる②
JALホームページから宿泊ネット予約

ＪＭＢで宿泊施設利用でのＪＡＬマイルを獲得する際の「宿泊ネット予約」は、直接ホテル（宿泊の予約画面にアクセスするの）ではなく、**最初のアクセスはＪＡＬのホームページを経由して予約する**ことが必要です。

●国内と海外でマイル獲得率が異なるネット予約サイト

国内と海外両方の施設に予約できる「宿泊ネット予約サイト」の中には、国内と海外ではマイル獲得率が違うサイト（Ｂｏｏｋｉｎｇ．ｃｏｍ等）があります。

●金額表示が一律ではない

宿泊予約サイトの一部には、室料以外に消費税、サービス料、手数料が諸費用として別表示されるものがあり、金額表示がまちまちです。国内では消費税が10％となり、またサービス料・手数料の定義は個々サイトで異なるので、比較検討する際にはこの点には十分注意しましょう。

●ポイント

❶ＪＭＢ提携ホテルの宿泊ネット予約は、必ず最初にＪＭＢのホームページ経由で予約する。
❷宿泊施設によって追加マイルプランがあり、通常マイルに加え追加マイルが獲得可能。
❸宿泊サイトによって、税金や手数料など料金表示が異なるので、総額料金に注意。

JALマイル提携宿泊予約サイト一覧

2025年1月現在

名称	区分	マイル加算条件	税込表示(○) 税抜表示(▲)	サイト独自 ポイント・特典	サイトポイント JALマイル交換
JMBワールドマーケットプレイス	国内&海外	100円=1〜3マイル	○	なし	なし
マリオット・インターナショナル	国内&海外	100円=1マイル	○	あり	可能
Trip.com	国内&海外	100円=1マイル	○	あり	不可
エアトリ	国内&海外	200円=1マイル	○	あり	可能
Booking.com	国内	150円=1マイル	○	あり	不可
	海外	100円=3マイル	○	あり	不可
エクスペディア	国内	150円=1マイル	○	あり	不可
	海外	100円=1マイル	○	あり	不可
ホテルズドットコム	国内	150円=1マイル	○	あり	不可
	海外	100円=1マイル	○	あり	不可
Agoda	国内	150円=1マイル	○	あり	不可
	海外	100円=1マイル	○	あり	不可
オークラ ニッコー ホテルズ	国内	200円=1マイル	○	あり	可能
	海外	1予約=150マイル	○	あり	可能
JALイージーホテル(*)	国内	100円=1マイル	○	なし	なし
楽天トラベル	国内	250円=1マイル	○	あり	可能
じゃらんnet	国内	200円=1マイル	○	あり	可能
JTB	国内	150円=1マイル	○	あり	可能
近畿日本ツーリスト	国内	200円=1マイル	○	あり	不可
日本旅行	国内	200円=1マイル	○	あり	不可
STAY JAPAN	国内	1予約=50マイル	○	なし	なし
温泉マイル	国内	100円=2マイル	○	なし	なし
アウトリガー・リゾーツ&ホテルズ	海外	100円=3マイル	○	あり	不可
JALパック 海外e-ホテル	海外	100円=3マイル	○	なし	なし
ホテリア	海外	100円=2マイル	○	なし	なし

*:毎月25日予約に限り100円=2マイル付与

◀JMBホテル予約サイト

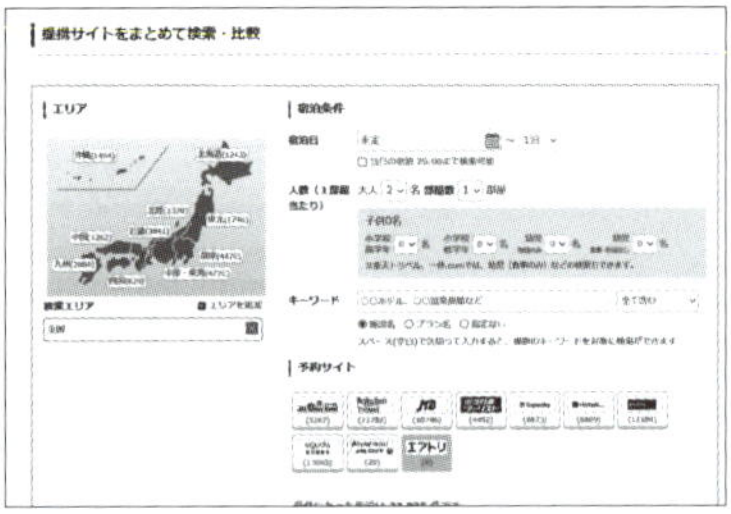

◀JMBホームページの国内宿泊予約サイト
JMB提携の宿泊ネット予約サイトを一括検索できます。

宿泊でためる③
JMB提携ホテル

「JMB提携ホテル」とは、提携ホテル（宿泊施設）に直接予約して宿泊プランや室料がJALマイル対象である場合、チェックイン時にマイレージ会員証を提示して、マイルを獲得する方法です。

●マイル積算が1滞在単位のホテルもある

「JMB提携ホテル」では、マイルの積算基準が宿泊数に関係なく1滞在単位の宿泊施設があります。また宿泊数単位、利用金額に応じた施設もあり、獲得マイル数の付与基準は施設により異なります。

●JMB提携ホテルでの提携サービスの改廃と予約方法等の注意点

JMB提携ホテルは対象の宿泊施設の数が非常に多く、毎年対象となる施設や条件の改廃・変更もあるので、残念ながら本書では紹介しきれません。確実に獲得するには利用前に最新情報をJALホームページでの確認を推奨します。また旅行代理店や宿泊ネット予約サイトからの予約はこの方法では積算対象外となるケースがほとんどです。

●ポイント

❶JMB提携ホテルは直接予約し、チェックイン時にカード提示でマイル獲得。
❷ホテルマイルでは1滞在単位のものは、連泊でもマイル増量はない。
❸JMB提携ホテルは、毎年対象となる施設や条件の改廃・変更が多いので、利用時に事前確認が必要。

◀JMB提携ホテル

宿泊でためる④ JALカード特約店の宿泊施設

「JALカード特約店」の宿泊施設は、JALカードのショッピングマイルが2倍になり、100円＝2マイルがたまります。

●マイル増量と対象施設

マイル提携ネット予約やJMB提携ホテルマイル等予約方法でのマイル獲得は別カウントになり、ダブルでマイル積算可能となる点で有利です。対象施設は同一の宿泊チェーンでも、施設単位でJALカード特約店対象となりますので、その施設が「JALカード特約店」であるか事前確認が必要です。

JALカード特約店の宿泊施設例(JALホームページより抜粋)　2025年1月現在

対象施設があるホテルチェーン	代表的な施設
プリンスホテル	東京プリンスホテル
西鉄ホテルグループ	西鉄グランドホテル
東急ホテル	京都東急ホテル
三井ガーデンホテル	三井ガーデンホテル熊本
ホテルJALシティ	ホテルJALシティ札幌 中島公園
ホテル日航	グランドニッコー東京 台場
アークホテル	アークホテル大阪心斎橋
フェアフィールドマリオット	フェアフィールド・バイ・マリオット・北海道えにわ
ホテルグレイスリー	ホテルグレイスリー新宿

●ポイント

❶JALカード特約店の宿泊施設は支払いをJALカードですると最大100円＝2マイル積算。
❷宿泊予約サイトを使うことができれば、宿泊予約サイトでのポイント獲得も可能。
❸さらにJMB eマイルパートナーのホテル予約サイト経由ならマイルの三重取りもできる。

◀JALカード特約店ホテル

JAL MILEAGE BANK

宿泊でためる⑤
ホテルポイント交換

ＩＨＧなど世界的なホテルチェーンには独自のポイントプログラムがあり、そのポイントをＪＡＬマイルへ交換できます。チェーンによってはこのポイントを経ずに直接マイル付与を選べますが、ポイント選択するとマイル交換と無料宿泊を振り分けて利用できます。

●確実にホテルポイントを獲得するにはホテルサイト経由で

ホテルポイントを確実に獲得したいなら、ホテルチェーンのホームページから会員ログインして予約することです。他のサイト経由で予約した場合には、ポイント対象にされないケースがあるので注意しましょう。

●宿泊では直接マイル積算のほうが有利な施設もあり

ＪＡＬマイルを直接獲得できるホテルチェーンではホテルポイントではなく、ＪＡＬマイルの積算のほうが条件が良い場合もあります。

●ポイント

❶世界的なホテルチェーンのポイントプログラムでは、ポイントをＪＡＬマイルに交換可能。

❷ＪＡＬマイルを直接獲得できるホテルチェーンでは、ホテルのポイントをマイル交換するよりも条件が良いことがある。

❸一部のホテルポイントは無期限にためられて、交換の仕方でボーナスマイルの優遇があり、譲渡や購入も可能。

◀ホテルポイント移行

●ホテルポイントを購入してＪＡＬマイルに交換も可能

世界的ホテルチェーンのポイントは年間での上限設定があるものの、ポイント自体を購入ができるものがあります。このポイントでＪＡＬマイルへ交換できるものもあり、結果的にＪＡＬマイルを購入できることになります。

●ホテルポイントの機能に注目

ホテルポイントの一部には有効期限がありません。また有効期限内にポイント利用があれば自動延長され実質的に無期限になるものもあり、長期間ためておけます。またマイル交換数が一定以上だとボーナスマイルの優遇策があるものや、他会員から譲渡可能など、ポイント毎に諸条件があります。ただし色々な交換特典があるホテルポイントも、その価値を有利に使うには結局無料宿泊特典が一番だと思います。

JALマイルに交換可能なホテルポイント一覧

2025年1月現在

ポイントプログラム名	ポイント付与率	ポイント交換	最小交換ポイント数	交換単位ポイント数	購入上限ポイント数	有効期限
IHGリワーズクラブ	1米ドル＝10又は5P	10,000P=2,000マイル	10,000	10,000P	200,000	実質無期限
マリオット ボンヴォイ＊	1米ドル＝10〜2.5P	3P＝1マイル	3,000	3	100,000	実質無期限
ワールド オブ ハイアット＊＊	1米ドル＝5P	2.5P＝1マイル	5,000	5,000	55,000	実質無期限
ヒルトン・オーナーズ	1米ドル＝10又は5P	10,000P=1,000マイル	10,000	10,000	80,000	実質無期限
ALL – Accor Live Limitless	10ユーロ＝5〜44P	4,000P=2,000マイル	4,000	4,000	―	実質無期限

＊：交換数量でのボーナスポイントあり
＊＊：交換数量のボーナスポイントと交換上限設定あり

JAL MILEAGE BANK

宿泊でためる⑥
ポイントポータルサイト経由の宿泊ネット予約

現在での宿泊予約の主流はネット予約です。ネットでの宿泊予約のアクセス方法で、獲得できるマイル数に大きな差がつきます。本書では、JALマイルに交換できるポイントを獲得できるポイントポータルサイトごとに、提携の宿泊ネット予約サービスで獲得可能なJALマイル数を比較換算（**P173 JALマイルへ交換できるポイントポータルサイト経由の宿泊ネット予約比較一覧参照**）して攻略法を再考します。

●ネットでの予約サイト利用には最初のアクセスサイトに注意

ネットでの宿泊予約でマイル獲得は、⑴検索サイト（主にはGポイントのようなポイントポータルサイトやJALホームページ）で付くポイントやマイル、⑵予約サイト独自のマイル交換可能な提携ポイント、⑶支払方法でのマイル積算と**3段階のそれぞれでマイル交換できるポイントやマイルが獲得でき、マイル増量**（**多重取り**）**ができる有利なため方**です。注意すべきことは、**最初のアクセスをどのサイトから経由して予約するか**で決まります。

●ポイント

❶最初にポイントポータルサイトを経由して宿泊予約サイトを利用する方法は、JALマイルを増量するに有用。
❷宿泊でのマイルは、検索サイト、宿泊予約サイト、支払い方法の最大3段階でマイル加算可能になる点に注目。
❸ネットでの宿泊予約は最初にアクセスするサイトによって、マイル獲得に差が出る点に注意。

◀ポイントサイト

2025年2月現在

ちょコム	ちょびリッチ	ポイントインカム	ポイントタウン	i2i(アメフリ)	4トラベル
-	-	-	-	-	-
-	1.00%	1.67%	2.00%	1.33%	-
-	0.38%	0.67%	0.70%	0.67%	-
-	0.13%	-	0.20%	0.23%	-
-	1.50%	-	1.60%	1.17%	-
-		-			1予約=240マイル
0.75%	1.25%	1.17%	2.40%	1.00%	-
					1予約=240マイル
-	1.00%	1.00%	1.20%	0.83%	-
-					-
-	-	-	2.00%	1.00%	-
-	-	-			-
-	-	-	-		-
-	-	-	-		-
-	-	-	-		-
0.15%	0.25%	-	0.40%		-
0.15%	-	0.33%	0.48%	0.23%	-
-	-	-	0.60%	0.47%	-
0.30%	-	-	0.40%		-
1予約=約185マイル	1予約=約227マイル	-	-		-
-	-	-	-		-
-	-	-	-		-
-	-	-	-		-
-	-	-	-		-
-	0.30%	-	-		-
-	0.25%	0.67%	0.40%	0.50%	-
-	-	-	0.84%	1.00%	-
-	0.38%	-	0.40%	1.50%	-
-	1.00%	1.67%	-	0.67%	-
-	-	-	-	1.23%	-
-	-	-	-		-
-	-	1.17%	-		-
-	0.50%	-	-		-
-	-	-	-		-
-	-	-	-		-
0.30%	0.25%	-	-	0.50%	-
-	-	-	-		-
-	0.25%	-	0.40%	0.47%	-
-	0.63%	-	-	-	-
0.15%	-	-	-	-	-
-	-	-	1.04%	-	-
-	-	-	0.38%	-	-
-	-	-	0.40%	1.50%	-
-	-	-	-	1予約=約66マイル	-
-	-	-	-		1予約=240マイル

JALマイルへ交換できるポイントポータルサイト経由の宿泊ネット予約比較一覧

宿泊予約サイト(↓)/ポイントサイト(→)	区分	JMB	モッピー	Gポイント	ハピタス
マリオット・インターナショナル	国内&海外	1%	-	-	-
Trip.com	国内&海外	1%	2.75%	-	1.17%
エアトリ	国内	0.50%	1.00%	-	-
	国内&海外	0.50%	-	-	-
Booking.com	国内	0.66%	4.75%	-	2.47%
	国内&海外	3%		-	
エクスペディア	国内	0.66%	4.00%	1.00%	2.10%
	国内&海外	1%			
ホテルズドットコム	国内	0.66%	2.50%	0.33%	1.50%
	国内&海外	1%			
Agoda	国内	0.66%	3.50%	-	1.83%
	国内&海外	1%		-	
オークラ ニッコー ホテルズ	国内&海外	0.50%	-	-	-
	国内&海外	1予約=150マイル	-	-	-
JALイージーホテル(*)	国内	1%	-	-	-
楽天トラベル	国内	0.40%	-	0.33%	0.33%
じゃらんnet	国内	0.50%	1.00%	0.33%	0.67%
JTB	国内	0.66%	-	0.33%	0.40%
近畿日本ツーリスト	国内	0.50%	1.00%	0.33%	0.40%
日本旅行	国内	0.50%	-	-	1.67%
STAY JAPAN	国内	1予約=150マイル	-	-	-
温泉マイル	国内	2%	-	-	-
アウトリガー・リゾーツ&ホテルズ	海外	3%	-	-	-
JALパック 海外e-ホテル	海外	3%	-	-	-
ホテリア	海外	2%	-	-	0.67%
IHG ホテルズ & リゾーツ	国内	-	0.50%	-	0.65%
ALL - Accor Live Limitless	国内	-	1.50%	-	0.83%
Relux	国内	-	1.25%	-	0.50%
トラベリスト	国内	-	4.00%	-	2.67%
楽天ステイ	国内	-	1.50%	1.65%	-
楽天Oyado	国内	-	1.50%	-	0.83%
トラベルWEST	国内	-	2.50%	-	-
ジェイケーション	国内	-	1.00%	-	0.67%
東武トップツアーズ	国内	-	0.80%	-	0.33%
ゆこゆこネット	国内	-	0.75%	-	0.33%
るるぶトラベル	国内	-	-	0.33%	0.40%
おとなの旅日和	国内	-	-	-	0.83%
sumyca	国内	-	-	-	-
EXETIME	国内	-	-	-	-
一休ドットコム	国内	-	-	-	-
JTB HAWAII TRAVEL.com	海外	-	-	-	-
【JTB】出張・ビジネスホテル予約	国内	-	-	-	-
Surprice	国内	-	-	-	-
楽天トラベル【海外ホテル】	海外	-	-	-	-
HIS	海外	-	-	-	-

外食でためる

外食の機会を利用してもＪＡＬマイルをためることができます。ＪＡＬマイルがたまる外食関連の方法は、①レストランマイル、②ＪＡＬカード特約店、③ＪＡＬマイルがたまる支払い方法（ＪＡＬ PayやＪＭＢ ＷＡＯＮ等）に大別されます。注意点として、**レストランマイル積算は事後申請ができないのと、ＪＡＬカードで支払ってもレストランマイル分は自動的に付与されないので支払い前に自ら申し出る**ことを忘れないことです。外食でのマイル獲得にはレストランマイルなど店頭登録に備え、ＪＭＢカードかＪＡＬカードは必ず持参携行しましょう。

●ＪＭＢレストランマイル

ＪＭＢ提携（レストランマイル）飲食店でのＪＡＬマイル獲得では、この提携の改廃が多く、ホームページで事前確認し、次の点に注意し利用下さい。

①会員カードを必ず持参する。（店側事由以外は事後申請できない）
②積算率は店により異なる。（１００円＝１または２マイル）
③マイルの上限がある。（1回につき10万円が上限の参加店がある）

●ポイント

❶ＪＡＬマイルがためられる外食店は、レストランマイル、ＪＡＬカード特約店、ＷＡＯＮ加盟店、ネット予約（ホットペッパーグルメ、食べログネット予約）等。
❷外食関連でのマイル積算は事後申請不可なのでマイレージ会員カード持参を忘れないこと。
❸ＪＡＬカードやＪＭＢ ＷＡＯＮで支払ってもレストランマイル分は自動付与されないので支払い前にあらかじめ申し出る。

④支払い前にマイル申請をする。（JALカードやJMB WAONカードのWAONで支払いをしても提携レストランマイルは自動付与されません）
⑤JMB WAONでのWAON支払いやJALカードのクレジット払いならその分のマイルが増量。

●JALカード特約店でのマイル獲得

JALカード特約店の飲食店では、JALカード支払いでJALマイルが100円に付き最大2マイル獲得できます。

●JMB WAONのWAON支払いでのマイル獲得

WAONを使える飲食店ならどこでもJMB／WAONで200円＝1マイル積算できます。その店がレストランマイル加盟店なら最大で200円で5マイル獲得可能です。レストランマイルは会計時に事前申請することを忘れないようにしましょう。

●JALマイルがたまる飲食店ネット予約

「ホットペッパーグルメ」での飲食店のJMB経由のネット予約で20マイルためられます。なお同じく飲食店のネット予約の「食べログネット予約」対象店ではJALマイルへ交換可能なPontaが（1予約一人につき＝50ポイント（25マイル））獲得できます。

◀居酒屋天金（旭川市）入口にJALマイルがたまるステッカーが貼ってあります。

◀レストランマイル&JALカード特約店

交通関連でためる①
国内レンタカー・カーシェア

日本国内ではレンタカーに加えカーシェアでもＪＭＢ提携サービスがあります。特筆すべき点はＪＭＢ提携のレンタカーの一部はＪＡＬカード特約店であるので、ＪＡＬカードでの支払いでマイルを増量できることです。

●国内レンタカーでのマイル獲得

①ＪＭＢマイレージの提携レンタカーでためる。
②ＪＭＢワールドマーケットプレイスレンタカー予約でためる。
③ポイントがＪＡＬマイル交換できるクレジットカードで支払う。

●カーシェアでのマイル獲得

カーシェアでもマイルがためられます。タイムズカーシェア「走ってマイル」（ＪＡＬグループ便で対象空港まで搭乗し、かつ空港近くにある対象ステーションのカーシェアを利用する）が対象で、利用実績（走行距離）に応じてＪＡＬマイルがたまる方式です。

●ポイント

❶ＪＭＢ提携のレンタカーの一部がＪＡＬカード特約店であるので、ＪＡＬカードでの支払いでマイルを増量しやすい。
❷ＪＭＢ提携レンタカーでのマイル獲得では、ＪＭＢマイレージパーク経由で予約すると確実。
❸カーシェア利用でのＪＡＬマイル獲得は、タイムズカーシェアの「走ってマイル」のみ。

◀ＪＭＢ提携レンタカー

●JMB提携国内レンタカー利用時の注意点

会社別に予約するJMB提携レンタカーでのマイル獲得方法は、JMBマイルモール経由で予約するとマイル獲得が確実なことに加え、各社の対象キャンペーンももれなく利用でき、お得なマイルも獲得できます。旅行代理店やツアー付帯利用ではマイル積算されないものがあるので、個別積算条件に注意しましょう。

JALマイルがためられる国内レンタカー&カーシェアー覧 2025年2月現在

区分	レンタカー会社	JMBマイル積算条件	JALカード特約店 最大100円=2マイル
JMB	JMBワールドマーケットプレイス	100円=3マイル	×
JMB & JALカード特約店	タイムズカーレンタル	100円=1マイル	○
	オリックスレンタカー		○
	トヨタレンタカー(**)		○
	フジレンタカー		○
JMB	アナザーレンタカー		×
	奄美ラッキーレンタカー		×
	JAPAN ROAD TRIP(*)		×
	スマイルレンタカー		×
	カースタレンタカー		×
	スカイレンタカー		×
	日産レンタカー		×
	MIDレンタカー 新千歳空港店		×
	ハコレンタカー 福岡空港店		×
	デスティーノレンタカー(*)		×
	ヒートスポーツレンタカー		×
	マハロレンタカー那覇		×
	mrcレンタカー 宮古島店		×
	ルアナレンタカー 宮古島店		×
	バジェットレンタカー(国内)	1日=50マイル(1回最大250マイル上限)	×
JALカード特約店	駅レンタカー(*)	×	○
	Jネットレンタカー	×	○
	三菱レンタカー(*)	×	○
	北海道ホンダリース(*)	×	○
	ヤマハ バイクレンタル(*)	×	○
	HIPsレンタカー (*)	×	○
	北海道ノマドレンタカー 千歳店	×	○
	奄美ゆいレンタカー	×	○
	喜界レンタカーサービス	×	○
	West Coastレンタカー	×	○

区分	カーシェア	JMBマイル積算条件	JALカード特約店
JMB	タイムズカーシェア(走ってマイル)	対象ステーション限定(走行実績1km=1マイル)上限等制約あり	×

*: 対象店舗の制約があります。
**:マイル積算対象外となる種々の付帯条件があります。

交通関連でためる②

海外レンタカー

海外でのレンタカー利用でもJALマイルがためられます。会社によって積算基準が異なり、マイル積算の対象国・エリアの制限があります。

●海外レンタカーでのマイル獲得

①JMB提携（マイルパートナー）レンタカーでマイルをためる。
②JMBワールドマーケットプレイスのレンタカー予約でためる。
③クレジットカードで支払いそのポイントをJALマイルに交換する。

●海外レンタカー利用時の注意点

①JMBホームページ経由でネット予約する。
②契約者名義のクレジットカードが必要。
③貸出最低年齢（21または20歳以上）と25歳未満の運転者は追加料金が必要。
④予約に際しJMB会員専用割引番号が必要な会社があります。
⑤マイル提携対象外の国や営業所があるので、予約時に確認して下さい。

●ポイント

❶海外レンタカー利用でJALマイルがためられるが、会社により積算基準が異なる。JALマイル積算利用には対象国・エリアの制限がある会社がある。
❷予約に際しJMBお客様番号および会員専用割引番号が必要な会社もある。
❸契約者名義のクレジットカードが必要で、貸出最低年齢は21歳（ハーツのみ満20歳）以上。

◀JMB提携レンタカー

⑥領収書又は契約書があれば事後登録可能です。

◀ハーツレンタカー（シカゴ・オヘア空港営業所）
JALマイルがためられる海外レンタカーです。

JALマイルがためられる海外レンタカー一覧

2025年2月現在

区分	会社	マイル積算率	条件	対象エリア	予約アクセス
レンタカー	アラモレンタカー	1回＝300マイル		全世界	JMB経由
	バジェットレンタカー	1日＝50マイル	最大250マイル	全世界	JMB経由
	エイビスレンタカー	1日＝100マイル	最大1,000マイル オンライン予約：+200マイル	AVIS海外営業所	JMB経由
	ダラーレンタカー	1回＝300マイル	現地払いのプランのみ オンライン予約：+200マイル	北米&ハワイ	JMB経由
	ハーツレンタカー	1日＝50マイル	一般・クーポン（米国のみ） および法人料金	全世界	JMB経由
JMBワールドマーケットプレイス		100円＝3マイル	-	全世界	JMB経由

交通関連でためる③
タクシー

全国各地のＪＭＢ提携のタクシーでマイルがためられます。ＪＭＢカードとＪＡＬカードの二つのタイプの提携がありますが、レストランマイル同様、乗車時の申請登録にはカード持参が必要です。それ以外にタクシーアプリの「ＧＯ」での「ＧＯ Ｐａｙ」払いでマイル積算はＪＭＢ登録をした方が対象です。これ以外の他の支払い方でも、最終的にはＪＡＬマイルをためられますが降車時に時間がかかります。

●タクシー利用でのマイル獲得の七つの方法

①ＪＭＢのタクシーマイル対象タクシーでためる。
②ＪＡＬカード特約店のタクシーでためる。
③ＪＡＬマイルに交換できるポイントサービスのタクシーでためる。
④タクシーアプリ「ＧＯ」でＪＭＢ登録した「ＧＯ Ｐａｙ」払いをつかう。
⑤ＪＡＬマイルがたまる交通系ＩＣ提携カードが使えるタクシーでためる。
⑥ＷＡＯＮが使えるタクシーでためる。

●ポイント

❶タクシーでのマイル申請にはＪＭＢカードかＪＡＬカード持参。事後申請は不可。
❷交通系電子マネーやＷＡＯＮなどの支払い方法によっても、カードを選んでＪＡＬマイルがためられる。
❸ＪＭＢ提携タクシーも含め、タクシー利用でのマイルのため方は七つもある。

◀ＪＭＢ提携タクシー

⑦JALマイルへポイント交換できるクレジットカードでタクシー料金を払う。

◀タクシーアプリ「GO」が使えるタクシー（東京）
GO Pay払いでJMB登録をするとJALマイルがためられます。

JALマイルをためられるタクシー一覧

2025年2月現在

区分	タクシー会社	営業エリア	マイル積算率	諸条件
JMB&JALカード特約店	エミタス・三ツ矢タクシーグループ	千葉県	100円(税込)＝1マイル	JMBカード
			200円(税込)=4～6マイル	JALカード
JMB	GOアプリ	全国	740円(税込)＝1マイル	GO Payでの支払いのみ対象
	石川近鉄タクシー	石川県	100円(税込)＝1マイル	現金&自社チケット
	第一交通産業	全国		現金&自社チケット
	らくらくタクシー	全国		オンライン予約のみ対象
	得タク	全国		現金支払いのみ対象
JALカード特約店	石川交通	石川県	200円(税込)=2マイル又は100円(税込)=2マイル(ショッピングマイルプレミアム会員)	JALカード払い
	那覇ハイヤー	沖縄県		
	金星グループ	北海道		
	相互タクシーグループ	大阪府・京都府		
	東京MKタクシー	首都圏		
	かんかけタクシー	小豆島		
	小豆島交通	小豆島		

交通関連でためる④
ガソリンスタンド・駐車場

●ガソリンスタンドでマイルをためる

JALカード特約店だった全国のENEOSでの提携が2024年3月で終了しました。全国的にはJALマイルに交換できるポイントがたまるクレジットカード決済が有効な方法です。

●駐車場でマイルをためる

JALマイルのためられる駐車場にはJMB提携とJALカード特約店の二つのタイプがあります。パーク24の時間貸し駐車場は利用時にたまるタイムズポイントをJALマイル交換できます。

●ポイント

❶ガソリンでのマイル獲得はJALカード提携のENEOS。
❷パーク24の時間貸し駐車場は利用でたまるタイムズポイントの交換でJALマイル獲得。
❸主要空港の駐車場にはJALカード特約店がある。

JALマイルがためられる駐車場一覧　2025年2月現在

区分	駐車場名	積算率
JMB&JALカード特約店	サンパーキング（成田空港）	1予約利用＝100マイル 200円（税込）=2〜4マイル
JMB	タイムズクラブ	最低400P=200マイル 追加分200P（100マイル）単位
JMB	セントラルパーキング成田	100円（税込）⇒1マイル
JALカード特約店	羽田空港(P1,P4)	200円（税込）=2マイル又は100円=2マイル（ショッピングマイルプレミアム会員）
JALカード特約店	羽田空港(P2,P3)	200円（税込）=2マイル又は100円=2マイル（ショッピングマイルプレミアム会員）
JALカード特約店	伊丹空港駐車場	200円（税込）=2マイル又は100円=2マイル（ショッピングマイルプレミアム会員）
JALカード特約店	高知龍馬空港駐車場	200円（税込）=2マイル又は100円=2マイル（ショッピングマイルプレミアム会員）
JALカード特約店	松山空港駐車場	200円（税込）=2マイル又は100円=2マイル（ショッピングマイルプレミアム会員）
JALカード特約店	長崎空港駐車場	200円（税込）=2マイル又は100円=2マイル（ショッピングマイルプレミアム会員）

◀JMB提携駐車場

JAL MILEAGE BANK

交通関連でためる⑤

鉄道やバスなど

鉄道やバスなどの公共交通の利用でもJALマイルがためられます。一般的にはJALマイルに交換できるポイントがたまるクレジットカード（JALカードも含む）を乗車券や定期券の購入や交通系ICカードチャージに使うことでマイルがためられます。最近ではクレジットカードのタッチ式決済が可能な公共交通機関が増えてきて、VISAやマスターカードブランドなどタッチ決済できるJALカードでマイルが増やせます。

●鉄道・バス関連でのマイル獲得の方法

①JALカードでの定期券購入やJMBカードの交通系IC一体型の提携カードでたまるポイントをマイルへ交換。

②JALには空港を中心としたその前後の移動の検索や、地上交通の予約・手配をワンストップで提供するサービスして「JAL MaaS」があり、空港連絡バスなど一部のサービスではマイルがたまります。

③クレジットカードのタッチ決済可能公共交通でマイルをためる。

●ポイント

❶JALカードやJMB提携カード交通系IC一体型の提携カードもあり、定期券購入、クレジットチャージ等でたまるポイントをマイルに交換。

❷各鉄道会社提携のクレジットカードで獲得できるポイントをJALマイルに交換できる。

❸JALマイルに交換できるポイントがたまるクレジットカードを乗車券や定期券の購入や交通系ICカードチャージにつかうのがマイルをためる基本攻略法。

④鉄道会社のポイントをJALマイルに交換。
⑤JALマイルがたまる特定公共交通路線の利用。（例：東京モノレール等）
⑥乗車券購入や交通系ICカードチャージでJALマイルへ交換できるポイントがたまるクレジットカードを利用する。

●JALカードとJMB提携カードの交通系IC一体型カード

JALカードやJMB提携カードでの交通系IC一体型カードでは、カードの種類によってJALマイルに交換可能なポイントをためられる品目は異なりますが、他のクレジットカードで得られない交通機関利用でマイルがためられるます。特に交通系ICカードはJMBと提携していない全国各地のバスや地下鉄でも利用できマイル獲得できるのが利点です。

●TOKYUポイントの交換

東急電鉄系のTOKYUポイントはJALマイルに交換できますが、交換率は、JALカード提携カードとJMB提携カード会員とは異なります。

●JALマイル提携の交通機関とキャンペーン

交通機関でのJALマイル提携は期間限定や地域が限られるものがあり、すべてを把握するのは容易ではありません。JMB及び関連のキャンペーン情報をマメにネットサーフィンしてその機会を活用しましょう。

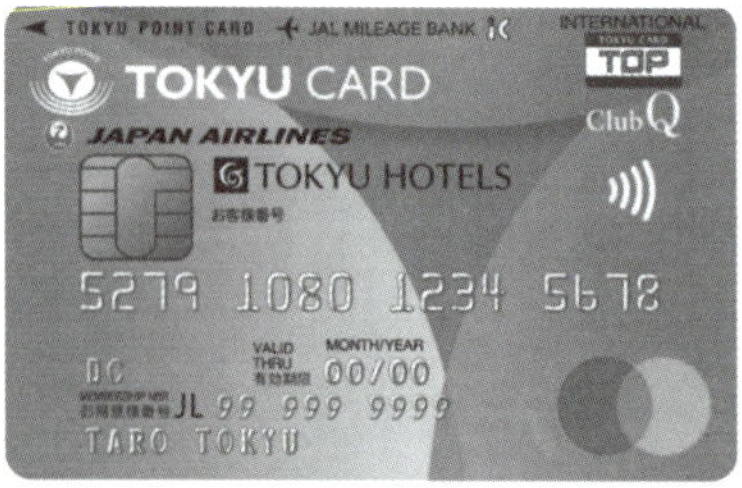

◀TOKYU CARD ClubQ JMB
TOKYUポイントもJALマイルへ交換可能なJMB提携カード。

◀JMB提携鉄道ポイント

JALマイルへ交換できる鉄道会社系のポイント

2025年2月現在

鉄道会社	ポイント名	交換率	最低交換単位	交換単位	手数料	交換上限	対象会員
小田急電鉄	小田急ポイント	2,000ポイント=1,000マ	1,000ポイント	1,000ポイント	なし	なし	JALカード OPクレジット会員
JR東日本	JRE POINTポイント	1,500ポイント=1,000マ	1,500ポイント	1,500ポイント	なし	なし	JALカード Suica会員
		1,500ポイント=500マイ					JALカードSuicaのショッピングマイルプレミアム会員
西日本鉄道	nimocaポイント	2ポイント⇒1マイル	2ポイント	2ポイント	なし	なし	JMB nimoca会員
JR九州	JRキューポ	1,000ポイント⇒500マイ	1,000ポイント	1,000ポイント	なし	1日に1回	JMB JQ SUGOCA会員
東急電鉄	TOKYU POINT	2,000ポイント=1,000マ	2,000ポイント	2,000ポイント	なし	なし	TOKYU CARD ClubQ JMBとJALカードTOKYU POINT ClubQ 会員
		1,000ポイント=300マイ	1,000ポイント	1,000ポイント	なし	なし	TOKYU POINTカード会員

◀JAL MaaS

◀JALカード OPクレジット（普通カード）
小田急ポイントもJALマイルに交換可能なJALカード。

金融関連でためる

ＪＭＢでは金融機関などの提携サービスでもＪＡＬマイルをためることができます。さらに提携金融機関のポイントをＪＡＬマイルへ交換も可能です。また各種保険ではｅ ＪＡＬポイントをためることもできます。

●利用状況に応じてマイルがたまる金融機関

①住信SBIネット銀行：取引項目の内、円普通預金、円定期預金、外貨普通預金、外貨定期預金、外貨積立、ＪＡＬ Ｐａｙボーナスマイル、口座振替（銀行引き給与受取・年金受取・定額自動入金）、住宅ローン（ＪＡＬ住宅ローン・フラット35）、目的ローン、他行からの振り込みでマイル積算可能です。積算条件は個々の項目ごとに異なります。

②JAL NEO BANK：住信ＳＢＩネット銀行と同じ条件でマイル積算されます。

③大垣共立銀行（外貨定期預金）：ＪＡＬマイレージプラス外貨定期預金が対象。円貨からの新規預入れ：10通貨単位＝1マイル満期毎：20通貨単位＝1マイル、対象通貨は米ドル・ユーロ・豪ドル。

●ポイント

❶金融機関などの提携サービスでＪＡＬマイルやｅ ＪＡＬポイントをためることができる。

❷金融機関でのマイル獲得は口座開設や、利用状況に応じてマイルがたまる。

❸金融機関が独自に運営する各社のポイントをＪＡＬマイルへ交換する提携もある。

◀ＪＭＢ提携銀行・証券・保険

④愛媛銀行（四国八十八カ所支店）：マイルスマイル定期預金の1口100万円以上1千万円未満で1万円につき1マイル。総額5千万円以下が対象。

⑤WealthNavi for JAL：運用開始で200マイル、毎月の資産評価額1万円につき0.5マイル、（1千万円を超えた部分は0.25マイル）を積算。

⑥ロボアドバイザーTHEO+：運用開始（1万円以上）で50マイル積算。毎月預かり資産に応じて資産1万円につき0.5マイル（3千万円を超えた部分は0.25マイル）。

⑦不動産投資クラウドファンディングCREAL for JAL：「CREAL for JAL」に会員登録・投資家登録して完了後、募集中のファンドを選んで投資申し込み完了すると、投資金額1万円につき10マイル積算。

⑧JALの資産運用：JAL Webサイト経由で新規にSBI証券口座を開設し、JALのマイルをメインポイントに設定。投資信託の保有、国内株式手数料、SBIラップのおまかせ運用、金・銀・プラチナの購入、FX取引の項目でマイル積算ができます。

⑨JALの保険：JAL Webサイト経由で利用する保険（介護保険、医療保険、がん保険）の保険料で150円＝1マイル（年間最大2千マイル上

◀JALの資産運用

◀JAL NEOBANK

限）積算できます

●口座開設でJALマイルがたまる

①**外為ドットコム**：外為どっとコムで口座を新規開設すると2500マイル積算。新規口座開設を申し込み後、30日以内に「外貨ネクストネオ」の開設完了が加算条件。

②**マネースクエア**：マネースクエアでの新規口座開設で3千マイル積算。マイル積算対象サービスはFX個人口座。

●外貨両替でJALマイルがたまる

①**外貨両替サービスのトラベレックス**：外貨両替（日本国内店舗、オンライン外貨宅配の両方）でマイルが貯まります。店舗では日本円⇔外貨：1万円両替につき20マイル（1万円未満切捨て）、上限は100万円までがマイル積算対象。オンライン外貨宅配では、日本円⇒外貨：3万円の両替につき60マイル積算。以後1万円ごとに20マイル（3万円以上1万円単位、上限30万円まで）。

②**JAL Pay両替マイル**：海外での外貨両替で200円につき1マイル

◀JALの保険

◀JAL保険ナビ

積算。

●eJALポイントがたまるJAL保険ナビ

JALのホームページにはJALマイルではなくeJALポイントがたまる各種保険「JAL保険ナビ」があります。その種類と対象は多数あり、本項では紙面の制約からホームページでの検索方法を記すに留めます。JMBのホームページのメニューから左側2列目中段の「マイルをためる一覧」をクリック。次に「日常で」に進み、「JAL MILEAGE PARK」のカテゴリー検索で「その他」を選びます。前ページ下段のQRコードでもアクセス可能です。

●ポイントがJALマイルに交換できる金融機関

銀行等の金融機関の独自ポイントをJALマイルへ交換する提携もあります。ポイント付与の基準は各企業で定めた取引条件があります。その概要は下段の別表（JMB提携金融機関ポイント交換条件一覧）を参照下さい。

JMB提携金融機関ポイント交換条件一覧　2025年2月28日現在

金融機関名	ポイント名	1ポイントあたりのマイル数	最低交換ポイント数	ポイント交換単位	交換手数料	交換上限マイル数	備考
大垣共立銀行	サンクスポイント	0.05	2,500	20	なし	なし	
日本生命	ずっともっとサービス/サンクスマイル	0.5	2,000	100	なし	なし	
マネックス証券	マネックスポイント	0.25	1,000	1,000	なし	なし	
りそな銀行・埼玉りそな銀行・関西みらい銀行	りそなクラブ、埼玉りそなクラブ、みらいクラブ	0.5	2	2	なし	なし	1日1回のみ
楽天証券	楽天証券 ポイント	約0.33	35	35	なし	なし	

ＪＡＬでんき・公共料金・ふるさと納税など

ＪＭＢでは電気料金の支払いやふるさと納税などでもＪＡＬマイルをためることができます。ＪＡＬでんきや電力会社等のポイントをＪＡＬマイルへ交換する方法でマイルが獲得できます。

●ＪＡＬでんき

地域電力会社から「ＪＡＬでんき」に切り替えると、使用電気料金に応じてＪＡＬマイルが積算できます。

●電力会社のポイント（一部：電気料金）のＪＡＬマイル交換など

電力会社が実施している各種のポイント制度で獲得したポイントをＪＡＬマイルへ交換できます。シン・エナジーは電気使用料金が基準です。詳しくは次ページ下段の一覧表を参照ください。またプロパンガスの契約（エネピ）でもＪＡＬマイルが加算できます。

●クレジットカードでの公共料金払いでマイルを貯める

●ポイント

❶地域電力会社から「ＪＡＬでんき」に切り替えると、使用電気料金に応じてＪＡＬマイルが積算可能。
❷電力会社のポイントをＪＡＬマイルへ交換できる。
❸ＪＭＢ ｅマイルパートナーのふるさと納税のサイトでマイルがためられる。

◀ＪＡＬでんき

多くの公共料金はＪＡＬカード等のクレジットカード払いが可能です。クレジットカードを利用して公共料金を払った分で、ＪＡＬカードでのマイル加算や、ＪＣＢのＯｋｉＤｏｋｉポイントのようにマイルに交換可能なポイント付与されるカードがあり、こうした方法でもマイルがためられます。

●ふるさと納税

ＪＭＢのホームページの「ｅマイルパートナー」には**ふるさと納税の提携サイトがあり、「ＪＭＢ ＭＩＬＥＡＧＥ ＰＡＲＫ」を経由して申し込むとマイルが積算**できます。「ＪＡＬのふるさと納税」なら１００円ごとに１マイル積算となります。

電力会社のポイントをJALマイルへの交換一覧 2025年2月現在

電力会社	ポイント名	ポイントあたりのマイル数	最低交換ポイント数	交換ポイント単位
JALでんき	関東エリア(旧プラン)	100円=1マイル	1	1マイル
	関東エリア(新プラン)	100円=3マイル		
	関東エリア以外	100円=3マイル		
四国電力	よんでんポイント	0.5	100	2
北海道電力	エネモポイント	0.5	300	300
CDエナジーダイレクト	カテエネポイント	0.5	100	100
中国電力	JAL&エネルギア・ふるさとメニュー	0.67	150	150
沖縄電力	おきでんmore-Eポイント	0.5	100	100
関西電力	はぴeポイント	0.5	3,000	100
シン・エナジー	使用電気料金	200円=1マイル	1	1マイル
中部電力	カテエネポイント	0.5	100	100

◀JMB提携電気・ガス

◀JAL ふるさと納税

JAL Wellness & Travelでためる

「JAL Wellness & Travel」とは、JMB会員の毎日の歩数をJALマイルに交換できる有料（入会後最大2か月間無料）のサービスで、**Life Statusポイントの対象（月1ポイント）**です。

●歩数に応じたチャレンジ達成ごとにマイル獲得

JAL Wellness & Travelアプリをダウンロードし、スマートフォンの歩数計測機能と連動して計測したデータをもとに、毎日歩いてチャレンジ（目標）を達成すると、マイルを獲得することができます。

●チェックインスポットにチェックインすることでマイルがたまる

あらかじめ設定されたチェックインスポットでチェックインすることでマイルがたまります。チェックインスポットは定期的に更新されます。

●スポーツクラブおよびヨガ施設を会員限定優待で利用

入会後スポーツクラブ「ルネサンス」やヨガ施設「スタジオ・ヨギー」が優待料金で利用できます。

●ポイント

❶スマホの歩数計測機能と連動して歩数がアプリで計測され、毎日歩いてチャレンジ（目標）を達成すると、JALマイルを獲得することができる。
❷Life Statusポイントの対象（月1ポイント）
❸月会費（550円税込）を最大2か月分まで無料。JALマイルでも利用可能。

◀JAL Wellness & Travel

JAL住マイルナビでためる

JAL MILEAGE BANK

「JAL住マイルナビ」とはJMBの提携不動産サービスの総称で、マイルがたまる不動産情報が多数提供されています。

●約70社の不動産会社と提携

約70社の不動産会社と提携し、不動産に関する利用実績でJALマイルがためられます。「JAL住マイルナビ」のホームページから気になる提携会社や物件を見つけて「住マイルクーポン」を発券し、それを使った商談が成立するとマイル獲得となります。

●大量のマイル獲得

扱う金額が大きな買い物なので、獲得できるマイル数が一度に大量なことが注目されます。

●対象サービスは多様

マイル獲得の対象サービスは、買う、売る、建てる、リフォームする、貸す、借りる、土地活用と不動産関連の多岐な分野にわたっています。

●ポイント

❶「JAL住マイルナビ」のホームページから提携会社や物件を見つけて「住マイルクーポン」を発券し、それを使った商談が成立するとマイル獲得。
❷獲得できるマイル数が一度に大量獲得可能なことに注目。
❸マイル獲得の対象サービスは、不動産関連の多岐な分野にわたっている。

◀JAL住マイルナビ

JAL光・JALでkaritecoでためる

「JAL光」は2024年6月19日から開始された、JMBの高速インターネット回線サービスです。「JALでkariteco」は2024年8月29日から開始されたレンタルサブスクリプションサービスです。両方とも**Life Statusポイントの対象（月1ポイント）**です

●JAL光の概要

新規契約時や1年継続ごとと毎月の利用でマイルがたまります。「JAL光 powered by NURO光」と「JAL光 powered by USEN NETWORKS」の2タイプで、一部利用できない地区があります。

●JALでkaritecoの概要

約1000種類の商品を月額3880円（税込）で自由にレンタルできるサブスクリプションサービス。ウエルカムボーナスマイル（200マイル）、毎月マイル（100マイル）、継続マイル（半年毎600マイル）が対象。

●ポイント

❶「JAL光」はNURO光とUSEN NETWORKSの2社を選べる。
❷「JALでkariteco」はグッズ類レンタルのサブスクリプションサービス。
❸「JAL光」と「JALでkariteco」はLife Statusポイントの対象。

◀JAL光

◀JALでkariteco

JAL MILEAGE BANK

その他の提携サービスでためる

ＪＡＬマイルをためる提携サービスは実に多様で、消費生活の幅広い分野をカバーしています。ホームページの検索の方法によって一部は重複するものもあり混乱してしまいます。そこで本書では、マイルをためる各種サービスを生活シーンに合わせ、これまで17の大分類に再編成して解説してきました。最後は、今まで解説した分類にあてはまらない、ＪＡＬマイルがたまる提携サービスの中で特筆すべき項目について解説します。

●**書籍・雑誌・新聞・CD・DVD等**

メディア関連商品・サービス関連の提携の多くはＪＭＢ ｅマイルパートナーです。店舗書店の紀伊國屋書店、ブックファーストがＪＡＬカード特約店。

●**ゴルフ場**

①**じゃらんゴルフ**：ゴルフ場予約一件につき３００マイル。

②**ＪＡＬカード特約店ゴルフ場**：最大１００円＝２マイル積算。

●**スキー場**

ニセコアンヌプリ国際スキー場：最大１００円＝２マイル積算。

●ポイント

❶ＪＡＬマイルをためる提携サービスは多様で、「ＪＡＬマイレージモール」のカテゴリー一覧では表示の一部は重複掲載で複雑。

❷店舗書店では紀伊國屋書店、ブックファーストがＪＡＬカード特約店。

❸リフレッシュマイルはＪＭＢ独特の提携マイル。1回で2千マイルをためられる提携サロン（エステ、ヘアサロン等）もある。

●ウエディング

①オークラニッコーホテルズ：対象ホテルの披露宴費用200円＝1マイル。

②エスクリ：結婚式総額によりJALマイルが獲得可能。

●セキュリティー

①セコム：ホームセキュリティ新規成約＝3千マイル。

②ALSOK：新規成約（各種項目別に）最大3千マイル積算。

●空港利用

KIX-ITMカード：関空のフライト利用（40ポイント＝100マイル）。

●人間ドック

JALカード特約店の医療施設：JALカードで最大100円＝2マイル積算。

●ガーデニング・花など

イイハナ・ドットコム（e87.com）のフラワーギフト：100円＝1マイル等価各種の提携企業やJALカード特約店でマイル積算。

●リフレッシュマイル（ヘアサロン・ネイルサロン・エステなど）

全国各地の提携サロンなら最大1回2千マイルの店舗があります。この他の提携店マイル積算（100円＝1マイル等）が可能で、JALカード特約店の施設では最大100円＝2マイル積算可能です。

◀関西空港国内線ターミナル
関空利用のフライトポイント（KIX-ITMカード）はJALマイルに交換できます。

◀JMB提携ウエディング

PART Ⅳ

JALマイレージバンクを使いこなす

JALマイレージバンク（JMB）には、搭乗回数の多い方向けの上位会員制度として「FLY ON プログラム」があり、この資格を獲得するとマイル利用法は段違いに広がります。また長期的な利用者には、様々な優遇をえられる「JAL Life Status プログラム」が新設されました。さらにJALカードやスマホアプリ、ポイント交換などの使い方を工夫次第で大きな差が生まれます。最後にJMBの重点項目を再点検して、あなたの攻略法を確かなものにブラシュアップして、マイレージの超達人を目指しましょう。

オプションプログラムを使いこなす①

FLY ONプログラムとサービスステイタス

JMBにはJALグループやワンワールド加盟各社の有償搭乗に際し付与されるマイルとは異なるサービスとして、「FLY ON プログラム」があります。このポイントは「FLY ONポイント」と称します。年間（1月－12月）で獲得したポイント数によってサービスステイタスが付与されます。

●FLY ON ポイントの積算

FLY ON ポイント＝フライトマイル×FLY ON ポイント換算率＋搭乗ボーナスFLY ON ポイント

FLY ON ポイント換算率と搭乗ボーナスFLY ON ポイントについては次ページの一覧を参照して下さい。

●ステイタスで異なるサービス内容

ポイント獲得数でサービスステイタス区分があり、サービスの内容は一部共通のものとステイタスの区分で異なるものがあります。特に魅力ある優遇

●ポイント

❶「FLY ONポイント」とはJALグループやワンワールド加盟各社の有償搭乗に際し付与されるマイルとは異なるポイントサービス。
❷ポイントでの獲得数でサービスステイタス区分があり、サービスの内容はステイタスで異なる。
❸サービスステイタスの資格は毎年（1月－12月）単年の実績更新。

FLY ON ポイント積算基準

FLY ON ポイント換算率

路線	倍率
日本国内線	2倍
JAL便の日本発着 アジア・オセアニア線、ウラジオストク線	1.5倍
国際線	1倍

策は、専用ラウンジやボーナスフライトマイル、優先搭乗等です。

●ステイタスは毎年更新

サービスステイタスの資格は毎年更新です。仕事やライフスタイルの変化で航空機の利用が減少すると、せっかく得ることができた特別待遇を失うことになります。そういった際に役立つのは、JALグローバルクラブ（JGC）です。JGCに関しては202ページで、その詳細を解説します。

◀FLY ONプログラム

JMBサービスステイタスのサービス内容代表例

サービス内容代表例		JMB会員サービスステイタス				
		クリスタル	サファイヤ	JGCプレミア	ダイヤモンド	ダイヤモンドメタル
獲得条件	ポイントのみ 最低ポイント数()内JALG便利用分	30,000 (15,000)	50,000 (25,000)	80,000 (40,000)	100,000 (50,000)	150,000 (150,000)
	搭乗回数併用　最低搭乗数()内JALG便利用分	30回(15回)	50回(25回)	80回(40回)	120回(60回)	180回(60回)
	+最低ポイント数	10,000	15,000	25,000	35,000	50,000
ワンワールド共通スタイタス		ルビー	サファイア	エメラルド	エメラルド	エメラルド
ボーナスマイル	日本航空、アメリカン航空	55%	105%	105%	130%	130%
	ブリティッシュ・エアウェイズ	25%	100%	100%	100%	100%
	イベリア航空	25%	50%	100%	100%	100%
	マレーシア航空(日本-マレーシア間)	25%	35%	50%	50%	50%
ラウンジ	JALファーストクラスラウンジ	×	×	○	○	○
	ダイヤモンド・プレミアラウンジ	×	×	○	○	○
	カード提示SAKURAラウンジ利用	ラウンジクーポンマイルでの利用のみ	○	○	○	○
搭乗便関連	国内線特典航空券・国内線予約の先行予約	×	×	○	○	○
	専用保安検査場利用	×	○	○	○	○
	手荷物許容量優待	国内線10kg 国際線1個	国内線20kg 国際線1個			

搭乗ボーナス FLY ON ポイント

2025年3月現在

区分	運賃種別	ポイント数
JAL国内線	フレックス、JALカード割引、ビジネスフレックス、離島割引、特定路線離島割引、株主割引	400
	セイバー、スペシャルセイバー、往復セイバー	200

*：乗継運賃を利用の場合、搭乗ボーナスFLY ON ポイントは区間ごとに積算

区分	運賃種別	ポイント数
JAL国際線	「F」「A」「J」「C」「D」「X」「I」「W」「R」「E」「Y」「B」「H」「K」「M」「L」「V」「S」	400
	フライトマイル対象運賃の国際線航空券に含まれる日本国内区間	
	F・A・J・C・D・I・X・Y・B・H・K・M	400

オプションプログラムを使いこなす②
JAL Life Status プログラム

JMBでは2024年からJALグループ便の搭乗やライフスタイルサービスの利用に応じて、Life Status ポイントがたまる生涯実績プログラム**JAL Life Status プログラム**を開始しました。これより新たにJALカード会員は六つのStar グレードを獲得でき、「JMB elite特典」や新基準での「JALグローバルクラブ入会資格」が付与されることになりました。

●Life Status ポイントの獲得

Life Status ポイントは航空機搭乗とそれ以外のJALが提供する様々なサービスの利用状況に応じて獲得できます。サービスごとの加算基準の概要は次ページの一覧表の通りですが、個々に例外規定があるのと、**発足以来追加条項が発生していますので、定期的にホームページで内容確認を推奨**します。

●ポイント

❶JAL Life Status プログラムは2024年開始の生涯実績プログラム。JALグループ便の搭乗やライフスタイルサービスの利用に応じて、Life Status ポイントがたまる。

❷この新制度が発足して、JGC入会資格が変更され、以前よりハードルが高くなった。

❸Life Status ポイントでの六つのStar グレードもCLUB-A以上のJALカード会員でないとその特典利用資格が適用されない。

◀JAL Life Status プログラム

●Star グレード特典はCLUB-A以上のJALカード入会が必要

Life Status ポイントがたまってもCLUB-A以上のJALカード本会員でないと、このポイントでの獲得できるStar グレードの特典は利用できません。3スター以上はJGC会員になることが必要です。グレード毎の特典内容の概要はホームページ上で開示されていますが、会員専用ページは該当者しかアクセスできません。前ページ下段QRコードを使いホームページを参照ください。

JAL Life Status プログラム Star グレード基準

2025年3月現在

スターグレード区分	獲得最低ポイント数
JGC Six Star ★★★★★★	12,000
JGC Five Star ★★★★★	6,000
JGC Four Star ★★★★	3,000
JGC Three Star ★★★	1,500
JMB elite Plus ★★	500
JMB elite ★	250

対象カード(本会員):JALカード CLUB-Aカード、CLUB-Aゴールドカード、JALダイナースカード、プラチナ

JMBサービスステイタスのサービス内容代表例

項目別ポイント付与基準

項目	ポイント付与基準単位
JALグループ国内線	1搭乗=5ポイント
JAL国際線	区間基本マイル(1,000マイル)=5ポイント
JALカード	ショッピングマイル(2,000マイル)=5ポイント
JAL Pay	ショッピングマイル(500マイル)=1ポイント
JAL Pay(両替)	両替マイル(300マイル)=1ポイント
JAL Mall	ショッピングマイル(100マイル)=1ポイント
JALマイレージパーク経由でマイルがたまるショップ	ショッピングマイル(100マイル)=1ポイント
JAL機内販売	ショッピングマイル(100マイル)=1ポイント
海外在住会員向け提携カード*	ショッピングマイル(1,500マイル)=5ポイント
JAL ABC	ショッピングマイル(200マイル)=1ポイント
JAL Wellness & Travel	加入期間1か月=1ポイント
JALでんき	毎月1マイル以上=1ポイント(月間上限)
ジャルパックツアー 国内ツアー	利用1回=1ポイント
ジャルパックツアー 海外ツアー	利用1回=3ポイント
JALふるさと納税	寄付金額5万円=1ポイント
JALの資産運用	口座開設1口座=1ポイント
JAL住宅ローン	融資実行=20ポイント
JALでkariteco	毎月1マイル以上=1ポイント(月間上限)
JAL e旅計画	1口(30万円以上)=1ポイント
JALNEOBANK(円普通預金)	マイル積算回数(6回毎)=1又は3ポイント
JALNEOBANK(外貨普通預金)	マイル積算回数(6回毎)=2又は6ポイント
JALNEOBANKプレミアム(半期ボーナスマイル)	マイル積算回数(6回毎)=2又は6ポイント
JAL MaaS(乗り換え案内+乗車券)	地上移動利用で獲得したマイル(400マイル)=1ポイント
JALグリーンライフマイル	年間最大1ポイント
議決権を行使いただいた株主	100株以上の保有株式数に応じ(最低2~50ポイント)(年1回)

オプションプログラムを使いこなす③

JALグローバルクラブ会員（JGC）

「FLY ONプログラム」のサービスステイタスは、航空機利用時に様々な優遇策があるメリットの大きな制度です。しかしこのサービスステイタスは毎年更新なので、搭乗機会が減ってしまうと、その資格を失います。一度獲得した優遇サービスを失うことは忍び難いことです。その点、JALグローバルクラブ会員（JGC）はクレジットカードの年会費を払い継続する限り、サファイアに近いステイタスサービスを保持できる特別な会員制度です。

●入会資格は2024年より変更

2024年以降、入会資格が変更となり、**JAL Life Status プログラムで1500 Life Status ポイント以上を獲得**したCLUB-A以上のJALカードへ入会できる方が対象になりました。

●利点が多い家族カードの存在

JGCには家族会員カードがあり、家族会員も本会員と同様に各種の優遇サービスが受けられることこそ最大のメリットです。3名以上で家族旅行す

●ポイント

❶JGCはクレジットカードの年会費を払い継続する限り、サファイアに近いステイタスを保持可能できる特別会員のJALカード。
❷2025年からの入会資格はLife Status ポイントを1500ポイント以上獲得し、JALカードの審査に適合すること。
❸ワンワールド共通ステイタス（ワンワールドサファイア）が付与され、主要空港の優先セキュリティーレーン利用（一部）、飲食サービス専用ラウンジ等、国際線利用時に抜群の威力を発揮。

る場合、会員のラウンジ同行可能は1名なのが問題となります。家族カードなら本会員と同行しない旅程でもＪＧＣの優遇サービスが受けます。

●国際線で威力を発揮するが国内線だけなら宝の持ち腐れ

ＪＧＣ会員はワンワールドの共通サービスステイタスのワンワールドサファイアを保持し、海外での航空機利用で抜群の威力を発揮します。主要空港の優先セキュリティーレーン利用、手荷物の優先受取、長時間待ち合わせにシャワー・無料Ｗｉ‐Ｆｉ・電源コンセント・充実した飲食サービスの完備したラウンジ利用等、国際線利用時はそのメリットは絶大です。国内線の利用でのＪＧＣのメリットである専用ラウンジ、専用セキュリティーゲートも主要空港に限られ、実際の特典では手荷物の優先受取、フライトマイル増量等で、国際線利用時ほどでメリットが大きくありません。国内ラウンジならカードラウンジなら各空港にあり、無料Ｗｉ‐Ｆｉや無料で使える電源はどこでも完備しています。

●単年度でのマイル修行では入会資格獲得は難しい

ＪＧＣ入会資格が変更になり、以前のようにポイントや搭乗回数を得るためだけに航空機搭乗する「マイル修行」では入会は難しくなりました。入会資格を国内線搭乗回数だけで得るには３００回以上の搭乗回数となります。

◀ＪＧＣカード　プラチナ（アメリカン・エキスプレス）
最強のＪＡＬカードです。

◀ＪＡＬグローバルクラブ

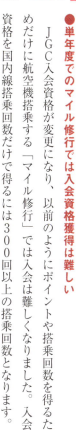

JAL MILEAGE BANK

JALカードやJMBカードの複数種同時利用

JALマイレージバンクを徹底的に攻略するには、クレジットカードに入会できるなら、フライトボーナスマイル等様々な優遇策があるJALカード入会は必須条件といえます。さらにカード維持が不要なJMBカードとの複数種のカードを利用し、用途や機能別に使い分けることが有効な攻略法です。

●JMB／WAONのクレジットチャージに有利なJALカード

JMB／WAONのクレジットチャージで200円＝1マイル積算はJALカード限定です。ただしJALダイナースカード、JALカードSuica、JALカードOPクレジット、JAL アメリカン・エキスプレス・カードは対象外です。

●シニア必携のJMB G.G WAONカード

満55歳入会可能なJMB G.G WAONカードは入会無料で、入会後のマイルが60か月間有効となる等の特典が付きます。

●20歳台ならCLUB ESTが有利

20歳台の方はJALカードのCLUB EST会員が入会可能です。年会

●ポイント

❶JMBを徹底的に攻略するには、JALカードは必携のクレジットカード。

❷シニアや学生・20歳代など年齢層によってマイルを最長60か月間ためておける、JALカードCLUB ESTとJMB G.G WAONカードに注目。

❸特定の企業ポイント交換に有利なカードとして企業との提携のJALカードやJMBカードを利用することも、カード複数利用のアイディアのひとつ。

費（5500円税込）がかかりますが、マイルが60か月間有効となり、eJALポイント（毎年5千ポイント）、JALカードショッピングマイル・プレミアム無料等の特典が付きます。

●CLUB-A以上のJALカードの年会費はマイル払い可能

JALカードのCLUB-A、CLUB-Aゴールド、プラチナ会員はマイルで年会費（カード年会費、ショッピングマイルプレミアム年会費）を払えます。JAL CLUB EST年会費、JALカード ツアープレミアム年間登録手数料などは対象外です。

●JAL家族マイルプログラム対策

マイルが合算可能なJALカード家族マイルでは対象家族がクレジットカード入会資格を有している場合は、家族全員がJALカード会員でなくてはなりません。家族カードも対象カードですが、家族が学生なら在学中年会費が無料のJALカードNavi利用がお勧めです。

●ポイント交換

特定の企業ポイント交換に有利なカードとして企業との提携のJALカードやJMBカードを利用することも、カード複数利用のアイディアの一つです。電車等の利用でのポイントもマイルに交換できる点は魅力です。

◀JALカード CLUB-A（VISA）
CLUB-A以上のランクのJALカードの年会費はJALマイル払いが可能です。

◀あなたにピッタリなカードを選ぶ

スマホとインターネットを使いこなす

本書はＪＭＢ攻略の指南書であると同時に、ＪＡＬホームページを使いこなすガイドブックです。ＪＭＢはインターネット利用が前提なので、ＪＡＬホームページで掲載の最新情報を確認せずに上手に活用できません。ネット利用には様々な制約と条件があり、その点を本項では再考します。

●アクセス環境面での注意

①個人アカウントと個人所有の機材を使用する

個人情報保護の面で会社などの共有機材では危険が伴います。

②利用項目によってスマホとＰＣ（パソコン）を使いわける

ＰＣでないと利用しづらい項目や関連サイトがあるのと、スマホでないと使えないサービスもあるので、利用項目によって使いわけが必要です。

③高速回線と最新ＯＳを使い機能をフル活用する

ネット回線を利用する際には、通信回線の速度やＯＳのヴァージョンが反応速度に影響します。サービス機能をフル活用するには、Ｗｉ‐Ｆｉ等の高速回線とデジタル機器は最新ＯＳで利用するように心掛けて下さい。

●ポイント

❶ＪＭＢはインターネット利用を前提にした運用な為、ＪＡＬホームページで掲載の最新情報を確認せずに上手に活用できない。
❷アプリやＱＲコードの進展とスマホを使うことを前提のＪＭＢのサービスが登場してきており、スマホにある程度の強くなることはＪＡＬマイル利用の必須の条件。
❸ポイントの多重取りなどが可能なポイントポータルサイトの使い方を工夫するには、日ごろよりインターネットを活用する方法に注力する。

●利用範囲が拡大するスマホ

アプリやQRコードの進展とスマホを使うことを前提のJMBのサービスが登場してきています。JMBを上手に使いこなすには、否応なしにスマホの設定や操作にある程度熟知することが望まれます。

●今日のマイレージはネット利用を工夫しないと不利益

①特典交換申込はネット利用が主流

JMBの特典はネット申込が主流で、特典航空券の電話申込は有料です。特定の特典やポイント交換はネット申込しかできません。

②ポイントポータルサイトの使い方を工夫する

ポイントの多重取りなどが可能なポイントポータルサイトの使い方を工夫して、より効果的にインターネットを活用しましょう。またJMBの提携ではeマイルパートナー経由でのアクセスを忘れないようにしましょう。

●ホームページで探したい情報に迷ったら?

JMBでのサービス領域が拡大するにつれ、新メニューが積み重なった構造になってきています。**探したい情報で迷ったなら、JALホームページのトップ画面のマイレージ&JALカードにカーソルをセットし、最上部右端の「メニュー」から検索**してみてください。

◀JMB会員証（スマホ・アンドロイド）
JALマイレージアプリのJMB会員証。

◀JALアプリ一覧

キャンペーンを使いこなす

ＪＭＢにはマイレージに加え、国内線、国際線、ＪＡＬカード、ショッピングのキャンペーンが都度実施されています。メール会員に登録しておくと、その一部はメールで知ることができます。ＪＭＢだけでなくマイルへ交換できるポイント関連のキャンペーンまで対象を広げるなら、関連のホームページへの定期的なアクセスが重要です。

●キャンペーン有効利用の要点

①早く情報をキャッチする

キャンペーンの多くは事前登録制が多く、先んずればマイルを制します。それには定期的に関連のホームページを点検する習慣をつけることです。

②スマホよりＰＣでアクセスする

ＪＭＢ以外のキャンペーン情報の多くはスマホでは全部は捕捉できません。情報量では依然ＰＣベースのＷＥＢサイトが有利です。

③ポイント交換なら外部サイトも重視する

マイルで交換できるポイントを有利に使うなら関連の外部サイトのキャン

●ポイント

❶ポイント関連のキャンペーンまで対象を広げるなら、関連のホームページへの定期的なアクセスが重要。
❷マイルを有利に使いこなすにはキャンペーン情報を小まめにチェック。
❸特典航空券のディスカウント関連、提携企業やポイント交換でのマイル増量のキャンペーンがＪＭＢ有効活用に重要。

ペーン情報にも気を配り、貪欲に好条件を活用しましょう。

④一部会員に限定のキャンペーンに注意

マイレージやポイント関連のキャンペーンには、会員ランクやサービスステイタス、地域等、対象者が限定されたものがあります。一定以上のマイル保持者やサービスステイタス保持者対象のキャンペーンは、該当者以外には通知されないことがあります。

●特に注意すべきキャンペーン

①特典航空券のディスカウントマイル

JMBではJAL便や提携航空会社便を対象に、通常より少ないマイル数で特典航空券へ交換できるキャンペーンを期間や路線限定で行っています。

②マイル増量のキャンペーン

JMBでは特定路線便やJMBマイルパートナー等でのマイル獲得に、マイル増量のキャンペーンを一定の期間を設定して実施することがあります。

③ポイント交換関連のキャンペーン

JALマイルへ交換できるポイントの交換率が有利になったり、ボーナスマイルがもらえたりするキャンペーンが不定期に実施されています。

◀**ディスカウントキャンペーンのホームページ告知（2024年9月）**
不定期実施されるお得なキャンペーンは定期的なHP点検で要チェック。

◀キャンペーン（マイレージ）

まとめ

ＪＡＬマイレージバンクは２０２４年からスタートした「ＪＡＬ Ｌｉｆｅ Ｓｔａｔｕｓ プログラム」によって、長期にわたりマイレージプログラムを愛好している会員を今までよりも厚遇する方針を明確にしています。また同時に「ＪＡＬ光」など様々な新しい提携サービスが次々と発足してきています。まさに、個人生活全般が「マイル経済圏」になりつつあります。今後の新しい攻略方法を考える参考に、最後に前号発行以降、本号発行までの期間の変化を簡単に整理します。

●**前号発行（２０２３年４月）以降に新設・変更となった主な項目**

①長期利用者が優遇策を受けられる「ＪＡＬ Ｌｉｆｅ Ｓｔａｔｕｓ プログラム」の発足。
②独自の決済方法として既存のＪＧＷを「ＪＡＬ Ｐａｙ」として進化改良。
③種々のＪＡＬ系ネットショッピングを「ＪＡＬ ＭＡＬＬ」に統一。
④新しい交換特典として「ＪＡＬわくわくパスポート」、「ＪＡＬ Ｐａｙマイルチャージ」等を新設。

◀ＪＡＬ Ａ３５０‐１０００型機
最新の国際線用大型機。就航地を拡大中。

⑤「どこかにマイル」の出発地に札幌（新千歳・丘珠）が追加設定。
⑥ＪＡＬ国際線の新就航地（中東・ドーハ）へ特典航空券の新規路線。

●前号発行後に利用条件が難化した主な項目

①ＪＡＬ国際線特典航空券で多くの区間で交換マイル数が上昇傾向。
②ＪＡＬ国際線特典航空券ファーストクラスにシーズン区分が設定され、また交換マイル数が2回連続で上昇。
③「ＪＡＬグローバルクラブ（ＪＧＣ）」の入会資格の最低基準が大幅に上昇。
④「ＪＡＬクーポン」のツアー利用が国内旅行に続き海外旅行でも廃止。
⑤「Ａｍａｚｏｎギフト券特典」の交換率低下（1万マイル＝８０００円）。

●ＪＭＢの特長を再確認

ＪＡＬマイレージバンク（ＪＭＢ）が他のマイレージと比較して特に優れた点（「ＪＡＬマイレージバンクの特長」Ｐ12）を再確認して、該当する施策を生かした使い方を自分なりに工夫することが「マイレージの超達人」の真骨頂です。この点をまとめとして強調しておきたく思います。本書を手引きにぜひＪＭＢで夢のある旅行を楽しんでください。

◀ドーハ空港ターミナル
ＪＡＬが中東のハブ空港にも就航しました。

●本書の出版にあたっては正確な内容の記述に務めましたが、著者、発行所、発売元のいずれもが、本書の内容に関し、何らかの保証を負うものではありません。また内容に基づくいかなる運用結果に関しても一切責任を負いません。
●本書に記載されている画面イメージなどは、特定の設定に基づいた環境において再現される一例です。
●本書に記載されている製品名、サービス名は、すべて各社の商標です。©、TMなどは割愛させていただきました。
●本書に記載されているURLやその他の情報は、予告なく変更される場合があります。

お問い合わせ先
〒277-0074
千葉県柏市今谷上町19-22
スタートナウ合同会社 「マイレージの超達人（JAL編）2025-26年版」質問係

なおご質問に関しては、封書にてご送付先（郵便番号、住所、氏名）を明記した返信用封筒（110円切手を貼ったもの）を同封の上、上記までお願いします。ご質問の内容によって、返信に数週間以上要する場合があることをご了解ください。なお返信用の切手封入がないもの、住所、氏名が不完全なものにはご回答できかねます。また本書で記載の航空会社各社および各企業へのお問い合わせに関しては、弊社は何ら責任を負うものではありません。

取材協力：日本航空株式会社

マイレージの超達人（JAL編）
2025-26年版

2025年4月25日発行

著　者　櫻井雅英　©2025 Masahide Sakurai
発行人　櫻井昇子
発行所　〒277-0074　千葉県柏市今谷上町19-22　スタートナウ合同会社
発売元　〒162-0811　東京都新宿区水道町2-15　株式会社パワー社
印刷・製本　新灯印刷株式会社
デザイン　ELABORATE（イラボレイト）

ISBN978-4-8277-1371-8 Printed in Japan

MILEAGE LOGBOOK

JAL

JMBお得意様番号

マイレージの超達人　JAL編　2025-26年版
初版特別付録

MILEAGE LOGBOOK（JAL編）利用&記入方法

このノートはJMB会員が航空機を利用してマイルをためる時の備忘録です。これを使ってJALマイルやFLY ONポイントのたまり具合を確認できます。記入方法に関しては以下の通りです。乗り継ぎ便の場合は搭乗便ごとに別々に分けて計算します。なお空港名は3レターコード、航空会社名は2レターコード（付録データ参照）を使います。

①今回搭乗での獲得マイル数：付録データを使い、区間基本マイレージ(MA)、予約クラス・運賃種別の積算率(MB)、フライトボーナスマイル積算率(MC)を調べて、計算式（((MA)×(MB)+(MA)×(MB)×(MC))＝獲得マイル数）で算出できます。

②今回搭乗でのFLY ONポイント数：付録データを使い、区間基本マイレージ(MA)、予約クラス・運賃種別の積算率(MB)、路線倍率(PC)、搭乗ポイント(PD)を調べて、計算式（((MA)×(MB)×(PC)+(PD))＝獲得マイル数）で算出できます。なお参考に下記のWEBサイト（QRコード）利用が便利です。

注意点

①計算値：小数点以下は切り捨て。下記QRコードでアクセス可能なホームページのシミュレーション機能で確認可能。

②提携航空会社：本編のJMB提携航空会社予約クラス別マイル積算率一覧（本編P143）を参照。区間基本マイルは各航空会社への問い合わせか、一部はJALホームページでの「距離制特典区間マイル計算機」で確認できます。

●記入方法に関するWEBサイト（スタートナウ合同会社 HP）

https://startnow.co.jp/chotatsujin/mileagelogbook/ikyu /jal

●マイル数、FLY ONポイント数のシミュレーション（JMB）

https://www.jal.co.jp/cgi-bin/jal/milesearch/save/flt_mile_save.cgi

●距離制特典区間マイル計算機（JMB）

https://www121.jal.co.jp/JmbWeb/JR/SectionMile_ja.do

MILEAGE LOGBOOK　目次

JMB提携航空会社2レターコード一覧

区分	航空会社名	2レターコード
ワンワールド	日本航空	JL
	アラスカ航空	AS
	アメリカン航空	AA
	ブリティッシュ・エアーウエイズ	BA
	フィンエアー	AY
	イベリア航空	IB
	カタール航空	QR
	ロイヤル・エア・モロッコ	AT
	ロイヤルヨルダン航空	RJ
	S7航空	S7
	キャセイ・パシフィック航空	CX
	マレーシア航空	MH
	カンタス航空	QF
	スリランカ航空	UL

区分	航空会社名	2レターコード
JAL提携	ハワイアン航空	HA
	LATAM航空	LA
	LATAM航空（エクアドル）	XL
	エールフランス航空	AF
	エミレーツ航空	EK
	バンコクエアウエイズ	PG
	中国東方航空	MU
	大韓航空	KE
	ガルーダ・インドネシア航空	GA
	ジェットスタージャパン	GK

搭乗クラス略号一覧

国際線	ファーストクラス	F
	ビジネスクラス	C
	プレミアムエコノミー	P
	エコノミークラス	Y

国内線	ファーストクラス	F
	クラスJ	J
	普通席	Y

MILEAGE LOG DATA

基本情報	お客様番号 JMB Member Number		搭乗回数(同一年度内) Annual Fligt Milelage Reg Number	
	搭乗日* Flight Date	/　　/	航空会社 Airline	
	便名* Flight Number		搭乗クラス Seat Class	
	予約クラス* Booking Class		座席番号* Seat Number	
	出発空港(IATAコード)* Depature Airport(IATACode)		到着空港(IATAコード)* Arrival Airport(IATACode)	
マイル数	(MA)区間基本マイレージ* Basic Sector Mileage		(MB)予約クラス・運賃種別マイル積算率 Mileage Accrual Rates	
	(MC) フライトボーナスマイル積算率 Flight Bonus Mile Accrual Rates		今回搭乗の獲得マイル=(MA)×(MB)+(MA)×(MB)×(MC) Total Milege byThis Flight	
FLY ONポイント	(MA)区間基本マイレージ* Basic Sector Mileage		(MB)予約クラス・運賃種別マイル積算率 Mileage Accrual Rates	
	(PC)路線倍率 Route Ratio		(PD)搭乗ポイント Bording Points	
	今回搭乗の獲得FLY ONポイント=(MA)×(MB)+(MA)×(MB)×(MC) Total FLY ON points byThis Flight		年度内FLY ONポイント数累計 Earned FLY ON Points in a year	

基本情報	お客様番号 JMB Member Number		搭乗回数(同一年度内) Annual Fligt Milelage Reg Number	
	搭乗日* Flight Date	/　　/	航空会社 Airline	
	便名* Flight Number		搭乗クラス Seat Class	
	予約クラス* Booking Class		座席番号* Seat Number	
	出発空港(IATAコード)* Depature Airport(IATACode)		到着空港(IATAコード)* Arrival Airport(IATACode)	
マイル数	(MA)区間基本マイレージ* Basic Sector Mileage		(MB)予約クラス・運賃種別マイル積算率 Mileage Accrual Rates	
	(MC) フライトボーナスマイル積算率 Flight Bonus Mile Accrual Rates		今回搭乗の獲得マイル=(MA)×(MB)+(MA)×(MB)×(MC) Total Milege byThis Flight	
FLY ONポイント	(MA)区間基本マイレージ* Basic Sector Mileage		(MB)予約クラス・運賃種別マイル積算率 Mileage Accrual Rates	
	(PC)路線倍率 Route Ratio		(PD)搭乗ポイント Bording Points	
	今回搭乗の獲得FLY ONポイント=(MA)×(MB)+(MA)×(MB)×(MC) Total FLY ON points byThis Flight		年度内FLY ONポイント数累計 Earned FLY ON Points in a year	

基本情報	お客様番号 JMB Member Number		搭乗回数(同一年度内) Annual Fligt Mileage Reg Number	
	搭乗日* Flight Date	/ /	航空会社 Airline	
	便名* Flight Number		搭乗クラス Seat Class	
	予約クラス* Booking Class		座席番号* Seat Number	
	出発空港(IATAコード)* Depature Airport(IATACode)		到着空港(IATAコード)* Arrival Airport(IATACode)	
マイル数	(MA)区間基本マイレージ* Basic Sector Mileage		(MB)予約クラス・運賃種別 マイル積算率 Mileage Accrual Rates	
	(MC) フライトボーナス マイル積算率 Flight Bonus Mile Accrual Rates		今回搭乗の獲得マイル= (MA)×(MB)+(MA)×(MB)×(MC) Total Milege byThis Flight	
FLY ONポイント	(MA)区間基本マイレージ* Basic Sector Mileage		(MB)予約クラス・運賃種別 マイル積算率 Mileage Accrual Rates	
	(PC)路線倍率 Route Ratio		(PD)搭乗ポイント Bording Points	
	今回搭乗の獲得FLY ONポイント= (MA)×(MB)+(MA)×(MB)×(MC) Total FLY ON points byThis Flight		年度内FLY ONポイント数累計 Earned FLY ON Points in a year	

基本情報	お客様番号 JMB Member Number		搭乗回数(同一年度内) Annual Fligt Mileage Reg Number	
	搭乗日* Flight Date	/ /	航空会社 Airline	
	便名* Flight Number		搭乗クラス Seat Class	
	予約クラス* Booking Class		座席番号* Seat Number	
	出発空港(IATAコード)* Depature Airport(IATACode)		到着空港(IATAコード)* Arrival Airport(IATACode)	
マイル数	(MA)区間基本マイレージ* Basic Sector Mileage		(MB)予約クラス・運賃種別 マイル積算率 Mileage Accrual Rates	
	(MC) フライトボーナス マイル積算率 Flight Bonus Mile Accrual Rates		今回搭乗の獲得マイル= (MA)×(MB)+(MA)×(MB)×(MC) Total Milege byThis Flight	
FLY ONポイント	(MA)区間基本マイレージ* Basic Sector Mileage		(MB)予約クラス・運賃種別 マイル積算率 Mileage Accrual Rates	
	(PC)路線倍率 Route Ratio		(PD)搭乗ポイント Bording Points	
	今回搭乗の獲得FLY ONポイント= (MA)×(MB)+(MA)×(MB)×(MC) Total FLY ON points byThis Flight		年度内FLY ONポイント数累計 Earned FLY ON Points in a year	

MILEAGE LOG DATA

基本情報	お客様番号 JMB Member Number		搭乗回数(同一年度内) Annual Fligt Milelage Reg Number	
	搭乗日* Flight Date	/ /	航空会社 Airline	
	便名* Flight Number		搭乗クラス Seat Class	
	予約クラス* Booking Class		座席番号* Seat Number	
	出発空港(IATAコード)* Depature Airport(IATACode)		到着空港(IATAコード)* Arrival Airport(IATACode)	
マイル数	(MA)区間基本マイレージ* Basic Sector Mileage		(MB)予約クラス・運賃種別マイル積算率 Mileage Accrual Rates	
	(MC) フライトボーナスマイル積算率 Flight Bonus Mile Accrual Rates		今回搭乗の獲得マイル=(MA)×(MB)+(MA)×(MB)×(MC) Total Milege byThis Flight	
FLY ONポイント	(MA)区間基本マイレージ* Basic Sector Mileage		(MB)予約クラス・運賃種別マイル積算率 Mileage Accrual Rates	
	(PC)路線倍率 Route Ratio		(PD)搭乗ポイント Bording Points	
	今回搭乗の獲得FLY ONポイント=(MA)×(MB)+(MA)×(MB)×(MC) Total FLY ON points byThis Flight		年度内FLY ONポイント数累計 Earned FLY ON Points in a year	

基本情報	お客様番号 JMB Member Number		搭乗回数(同一年度内) Annual Fligt Milelage Reg Number	
	搭乗日* Flight Date	/ /	航空会社 Airline	
	便名* Flight Number		搭乗クラス Seat Class	
	予約クラス* Booking Class		座席番号* Seat Number	
	出発空港(IATAコード)* Depature Airport(IATACode)		到着空港(IATAコード)* Arrival Airport(IATACode)	
マイル数	(MA)区間基本マイレージ* Basic Sector Mileage		(MB)予約クラス・運賃種別マイル積算率 Mileage Accrual Rates	
	(MC) フライトボーナスマイル積算率 Flight Bonus Mile Accrual Rates		今回搭乗の獲得マイル=(MA)×(MB)+(MA)×(MB)×(MC) Total Milege byThis Flight	
FLY ONポイント	(MA)区間基本マイレージ* Basic Sector Mileage		(MB)予約クラス・運賃種別マイル積算率 Mileage Accrual Rates	
	(PC)路線倍率 Route Ratio		(PD)搭乗ポイント Bording Points	
	今回搭乗の獲得FLY ONポイント=(MA)×(MB)+(MA)×(MB)×(MC) Total FLY ON points byThis Flight		年度内FLY ONポイント数累計 Earned FLY ON Points in a year	

基本情報	お客様番号 JMB Member Number		搭乗回数（同一年度内） Annual Fligt Milelage Reg Number	
	搭乗日* Flight Date	/ /	航空会社 Airline	
	便名* Flight Number		搭乗クラス Seat Class	
	予約クラス* Booking Class		座席番号* Seat Number	
	出発空港（IATAコード）* Depature Airport (IATACode)		到着空港（IATAコード）* Arrival Airport (IATACode)	
マイル数	(MA)区間基本マイレージ* Basic Sector Mileage		(MB)予約クラス・運賃種別マイル積算率 Mileage Accrual Rates	
	(MC) フライトボーナスマイル積算率 Flight Bonus Mile Accrual Rates		今回搭乗の獲得マイル=(MA)×(MB)+(MA)×(MB)×(MC) Total Milege byThis Flight	
FLY ONポイント	(MA)区間基本マイレージ* Basic Sector Mileage		(MB)予約クラス・運賃種別マイル積算率 Mileage Accrual Rates	
	(PC)路線倍率 Route Ratio		(PD)搭乗ポイント Bording Points	
	今回搭乗の獲得FLY ONポイント=(MA)×(MB)+(MA)×(MB)×(MC) Total FLY ON points byThis Flight		年度内FLY ONポイント数累計 Earned FLY ON Points in a year	

基本情報	お客様番号 JMB Member Number		搭乗回数（同一年度内） Annual Fligt Milelage Reg Number	
	搭乗日* Flight Date	/ /	航空会社 Airline	
	便名* Flight Number		搭乗クラス Seat Class	
	予約クラス* Booking Class		座席番号* Seat Number	
	出発空港（IATAコード）* Depature Airport (IATACode)		到着空港（IATAコード）* Arrival Airport (IATACode)	
マイル数	(MA)区間基本マイレージ* Basic Sector Mileage		(MB)予約クラス・運賃種別マイル積算率 Mileage Accrual Rates	
	(MC) フライトボーナスマイル積算率 Flight Bonus Mile Accrual Rates		今回搭乗の獲得マイル=(MA)×(MB)+(MA)×(MB)×(MC) Total Milege byThis Flight	
FLY ONポイント	(MA)区間基本マイレージ* Basic Sector Mileage		(MB)予約クラス・運賃種別マイル積算率 Mileage Accrual Rates	
	(PC)路線倍率 Route Ratio		(PD)搭乗ポイント Bording Points	
	今回搭乗の獲得FLY ONポイント=(MA)×(MB)+(MA)×(MB)×(MC) Total FLY ON points byThis Flight		年度内FLY ONポイント数累計 Earned FLY ON Points in a year	

MILEAGE LOG DATA

基本情報	お客様番号 JMB Member Number		搭乗回数(同一年度内) Annual Fligt Milelage Reg Number	
	搭乗日* Flight Date	/　/	航空会社 Airline	
	便名* Flight Number		搭乗クラス Seat Class	
	予約クラス* Booking Class		座席番号* Seat Number	
	出発空港(IATAコード)* Depature Airport(IATACode)		到着空港(IATAコード)* Arrival Airport(IATACode)	
マイル数	(MA)区間基本マイレージ* Basic Sector Mileage		(MB)予約クラス・運賃種別マイル積算率 Mileage Accrual Rates	
	(MC) フライトボーナスマイル積算率 Flight Bonus Mile Accrual Rates		今回搭乗の獲得マイル=(MA)×(MB)+(MA)×(MB)×(MC) Total Milege byThis Flight	
FLY ONポイント	(MA)区間基本マイレージ* Basic Sector Mileage		(MB)予約クラス・運賃種別マイル積算率 Mileage Accrual Rates	
	(PC)路線倍率 Route Ratio		(PD)搭乗ポイント Bording Points	
	今回搭乗の獲得FLY ONポイント=(MA)×(MB)+(MA)×(MB)×(MC) Total FLY ON points byThis Flight		年度内FLY ONポイント数累計 Earned FLY ON Points in a year	

基本情報	お客様番号 JMB Member Number		搭乗回数(同一年度内) Annual Fligt Milelage Reg Number	
	搭乗日* Flight Date	/　/	航空会社 Airline	
	便名* Flight Number		搭乗クラス Seat Class	
	予約クラス* Booking Class		座席番号* Seat Number	
	出発空港(IATAコード)* Depature Airport(IATACode)		到着空港(IATAコード)* Arrival Airport(IATACode)	
マイル数	(MA)区間基本マイレージ* Basic Sector Mileage		(MB)予約クラス・運賃種別マイル積算率 Mileage Accrual Rates	
	(MC) フライトボーナスマイル積算率 Flight Bonus Mile Accrual Rates		今回搭乗の獲得マイル=(MA)×(MB)+(MA)×(MB)×(MC) Total Milege byThis Flight	
FLY ONポイント	(MA)区間基本マイレージ* Basic Sector Mileage		(MB)予約クラス・運賃種別マイル積算率 Mileage Accrual Rates	
	(PC)路線倍率 Route Ratio		(PD)搭乗ポイント Bording Points	
	今回搭乗の獲得FLY ONポイント=(MA)×(MB)+(MA)×(MB)×(MC) Total FLY ON points byThis Flight		年度内FLY ONポイント数累計 Earned FLY ON Points in a year	

基本情報	お客様番号 JMB Member Number		搭乗回数(同一年度内) Annual Fligt Milelage Reg Number	
	搭乗日* Flight Date	/ /	航空会社 Airline	
	便名* Flight Number		搭乗クラス Seat Class	
	予約クラス* Booking Class		座席番号* Seat Number	
	出発空港(IATAコード)* Depature Airport(IATACode)		到着空港(IATAコード)* Arrival Airport(IATACode)	
マイル数	(MA)区間基本マイレージ* Basic Sector Mileage		(MB)予約クラス・運賃種別 マイル積算率 Mileage Accrual Rates	
	(MC) フライトボーナス マイル積算率 Flight Bonus Mile Accrual Rates		今回搭乗の獲得マイル= (MA)×(MB)+(MA)×(MB)×(MC) Total Milege byThis Flight	
FLY ONポイント	(MA)区間基本マイレージ* Basic Sector Mileage		(MB)予約クラス・運賃種別 マイル積算率 Mileage Accrual Rates	
	(PC)路線倍率 Route Ratio		(PD)搭乗ポイント Bording Points	
	今回搭乗の獲得FLY ONポイント= (MA)×(MB)+(MA)×(MB)×(MC) Total FLY ON points byThis Flight		年度内FLY ONポイント数累計 Earned FLY ON Points in a year	

基本情報	お客様番号 JMB Member Number		搭乗回数(同一年度内) Annual Fligt Milelage Reg Number	
	搭乗日* Flight Date	/ /	航空会社 Airline	
	便名* Flight Number		搭乗クラス Seat Class	
	予約クラス* Booking Class		座席番号* Seat Number	
	出発空港(IATAコード)* Depature Airport(IATACode)		到着空港(IATAコード)* Arrival Airport(IATACode)	
マイル数	(MA)区間基本マイレージ* Basic Sector Mileage		(MB)予約クラス・運賃種別 マイル積算率 Mileage Accrual Rates	
	(MC) フライトボーナス マイル積算率 Flight Bonus Mile Accrual Rates		今回搭乗の獲得マイル= (MA)×(MB)+(MA)×(MB)×(MC) Total Milege byThis Flight	
FLY ONポイント	(MA)区間基本マイレージ* Basic Sector Mileage		(MB)予約クラス・運賃種別 マイル積算率 Mileage Accrual Rates	
	(PC)路線倍率 Route Ratio		(PD)搭乗ポイント Bording Points	
	今回搭乗の獲得FLY ONポイント= (MA)×(MB)+(MA)×(MB)×(MC) Total FLY ON points byThis Flight		年度内FLY ONポイント数累計 Earned FLY ON Points in a year	

MILEAGE LOG DATA

基本情報	お客様番号 JMB Member Number		搭乗回数(同一年度内) Annual Fligt Milelage Reg Number	
	搭乗日* Flight Date	/ /	航空会社 Airline	
	便名* Flight Number		搭乗クラス Seat Class	
	予約クラス* Booking Class		座席番号* Seat Number	
	出発空港(IATAコード)* Depature Airport(IATACode)		到着空港(IATAコード)* Arrival Airport(IATACode)	
マイル数	(MA)区間基本マイレージ* Basic Sector Mileage		(MB)予約クラス・運賃種別 マイル積算率 Mileage Accrual Rates	
	(MC) フライトボーナス マイル積算率 Flight Bonus Mile Accrual Rates		今回搭乗の獲得マイル= (MA)×(MB)+(MA)×(MB)×(MC) Total Milege byThis Flight	
FLY ONポイント	(MA)区間基本マイレージ* Basic Sector Mileage		(MB)予約クラス・運賃種別 マイル積算率 Mileage Accrual Rates	
	(PC)路線倍率 Route Ratio		(PD)搭乗ポイント Bording Points	
	今回搭乗の獲得FLY ONポイント= (MA)×(MB)+(MA)×(MB)×(MC) Total FLY ON points byThis Flight		年度内FLY ONポイント数累計 Earned FLY ON Points in a year	

基本情報	お客様番号 JMB Member Number		搭乗回数(同一年度内) Annual Fligt Milelage Reg Number	
	搭乗日* Flight Date	/ /	航空会社 Airline	
	便名* Flight Number		搭乗クラス Seat Class	
	予約クラス* Booking Class		座席番号* Seat Number	
	出発空港(IATAコード)* Depature Airport(IATACode)		到着空港(IATAコード)* Arrival Airport(IATACode)	
マイル数	(MA)区間基本マイレージ* Basic Sector Mileage		(MB)予約クラス・運賃種別 マイル積算率 Mileage Accrual Rates	
	(MC) フライトボーナス マイル積算率 Flight Bonus Mile Accrual Rates		今回搭乗の獲得マイル= (MA)×(MB)+(MA)×(MB)×(MC) Total Milege byThis Flight	
FLY ONポイント	(MA)区間基本マイレージ* Basic Sector Mileage		(MB)予約クラス・運賃種別 マイル積算率 Mileage Accrual Rates	
	(PC)路線倍率 Route Ratio		(PD)搭乗ポイント Bording Points	
	今回搭乗の獲得FLY ONポイント= (MA)×(MB)+(MA)×(MB)×(MC) Total FLY ON points byThis Flight		年度内FLY ONポイント数累計 Earned FLY ON Points in a year	

基本情報	お客様番号 JMB Member Number		搭乗回数(同一年度内) Annual Fligt Mileage Reg Number	
	搭乗日* Flight Date	/　　/	航空会社 Airline	
	便名* Flight Number		搭乗クラス Seat Class	
	予約クラス* Booking Class		座席番号* Seat Number	
	出発空港(IATAコード)* Depature Airport(IATACode)		到着空港(IATAコード)* Arrival Airport(IATACode)	
マイル数	(MA)区間基本マイレージ* Basic Sector Mileage		(MB)予約クラス・運賃種別 マイル積算率 Mileage Accrual Rates	
	(MC) フライトボーナス マイル積算率 Flight Bonus Mile Accrual Rates		今回搭乗の獲得マイル= (MA)×(MB)+(MA)×(MB)×(MC) Total Milege byThis Flight	
FLY ONポイント	(MA)区間基本マイレージ* Basic Sector Mileage		(MB)予約クラス・運賃種別 マイル積算率 Mileage Accrual Rates	
	(PC)路線倍率 Route Ratio		(PD)搭乗ポイント Bording Points	
	今回搭乗の獲得FLY ONポイント= (MA)×(MB)+(MA)×(MB)×(MC) Total FLY ON points byThis Flight		年度内FLY ONポイント数累計 Earned FLY ON Points in a year	

基本情報	お客様番号 JMB Member Number		搭乗回数(同一年度内) Annual Fligt Mileage Reg Number	
	搭乗日* Flight Date	/　　/	航空会社 Airline	
	便名* Flight Number		搭乗クラス Seat Class	
	予約クラス* Booking Class		座席番号* Seat Number	
	出発空港(IATAコード)* Depature Airport(IATACode)		到着空港(IATAコード)* Arrival Airport(IATACode)	
マイル数	(MA)区間基本マイレージ* Basic Sector Mileage		(MB)予約クラス・運賃種別 マイル積算率 Mileage Accrual Rates	
	(MC) フライトボーナス マイル積算率 Flight Bonus Mile Accrual Rates		今回搭乗の獲得マイル= (MA)×(MB)+(MA)×(MB)×(MC) Total Milege byThis Flight	
FLY ONポイント	(MA)区間基本マイレージ* Basic Sector Mileage		(MB)予約クラス・運賃種別 マイル積算率 Mileage Accrual Rates	
	(PC)路線倍率 Route Ratio		(PD)搭乗ポイント Bording Points	
	今回搭乗の獲得FLY ONポイント= (MA)×(MB)+(MA)×(MB)×(MC) Total FLY ON points byThis Flight		年度内FLY ONポイント数累計 Earned FLY ON Points in a year	

MILEAGE LOG DATA

基本情報	お客様番号 JMB Member Number		搭乗回数(同一年度内) Annual Fligt Milelage Reg Number	
	搭乗日* Flight Date	/ /	航空会社 Airline	
	便名* Flight Number		搭乗クラス Seat Class	
	予約クラス* Booking Class		座席番号* Seat Number	
	出発空港(IATAコード)* Depature Airport(IATACode)		到着空港(IATAコード)* Arrival Airport(IATACode)	
マイル数	(MA)区間基本マイレージ* Basic Sector Mileage		(MB)予約クラス・運賃種別 マイル積算率 Mileage Accrual Rates	
	(MC) フライトボーナス マイル積算率 Flight Bonus Mile Accrual Rates		今回搭乗の獲得マイル= (MA)×(MB)+(MA)×(MB)×(MC) Total Milege byThis Flight	
FLY ONポイント	(MA)区間基本マイレージ* Basic Sector Mileage		(MB)予約クラス・運賃種別 マイル積算率 Mileage Accrual Rates	
	(PC)路線倍率 Route Ratio		(PD)搭乗ポイント Bording Points	
	今回搭乗の獲得FLY ONポイント= (MA)×(MB)+(MA)×(MB)×(MC) Total FLY ON points byThis Flight		年度内FLY ONポイント数累計 Earned FLY ON Points in a year	

基本情報	お客様番号 JMB Member Number		搭乗回数(同一年度内) Annual Fligt Milelage Reg Number	
	搭乗日* Flight Date	/ /	航空会社 Airline	
	便名* Flight Number		搭乗クラス Seat Class	
	予約クラス* Booking Class		座席番号* Seat Number	
	出発空港(IATAコード)* Depature Airport(IATACode)		到着空港(IATAコード)* Arrival Airport(IATACode)	
マイル数	(MA)区間基本マイレージ* Basic Sector Mileage		(MB)予約クラス・運賃種別 マイル積算率 Mileage Accrual Rates	
	(MC) フライトボーナス マイル積算率 Flight Bonus Mile Accrual Rates		今回搭乗の獲得マイル= (MA)×(MB)+(MA)×(MB)×(MC) Total Milege byThis Flight	
FLY ONポイント	(MA)区間基本マイレージ* Basic Sector Mileage		(MB)予約クラス・運賃種別 マイル積算率 Mileage Accrual Rates	
	(PC)路線倍率 Route Ratio		(PD)搭乗ポイント Bording Points	
	今回搭乗の獲得FLY ONポイント= (MA)×(MB)+(MA)×(MB)×(MC) Total FLY ON points byThis Flight		年度内FLY ONポイント数累計 Earned FLY ON Points in a year	

基本情報	お客様番号 JMB Member Number		搭乗回数(同一年度内) Annual Fligt Mileage Reg Number	
	搭乗日* Flight Date	/ /	航空会社 Airline	
	便名* Flight Number		搭乗クラス Seat Class	
	予約クラス* Booking Class		座席番号* Seat Number	
	出発空港(IATAコード)* Depature Airport(IATACode)		到着空港(IATAコード)* Arrival Airport(IATACode)	
マイル数	(MA)区間基本マイレージ* Basic Sector Mileage		(MB)予約クラス・運賃種別マイル積算率 Mileage Accrual Rates	
	(MC) フライトボーナスマイル積算率 Flight Bonus Mile Accrual Rates		今回搭乗の獲得マイル=(MA)×(MB)+(MA)×(MB)×(MC) Total Milege byThis Flight	
FLY ONポイント	(MA)区間基本マイレージ* Basic Sector Mileage		(MB)予約クラス・運賃種別マイル積算率 Mileage Accrual Rates	
	(PC)路線倍率 Route Ratio		(PD)搭乗ポイント Bording Points	
	今回搭乗の獲得FLY ONポイント=(MA)×(MB)+(MA)×(MB)×(MC) Total FLY ON points byThis Flight		年度内FLY ONポイント数累計 Earned FLY ON Points in a year	

基本情報	お客様番号 JMB Member Number		搭乗回数(同一年度内) Annual Fligt Mileage Reg Number	
	搭乗日* Flight Date	/ /	航空会社 Airline	
	便名* Flight Number		搭乗クラス Seat Class	
	予約クラス* Booking Class		座席番号* Seat Number	
	出発空港(IATAコード)* Depature Airport(IATACode)		到着空港(IATAコード)* Arrival Airport(IATACode)	
マイル数	(MA)区間基本マイレージ* Basic Sector Mileage		(MB)予約クラス・運賃種別マイル積算率 Mileage Accrual Rates	
	(MC) フライトボーナスマイル積算率 Flight Bonus Mile Accrual Rates		今回搭乗の獲得マイル=(MA)×(MB)+(MA)×(MB)×(MC) Total Milege byThis Flight	
FLY ONポイント	(MA)区間基本マイレージ* Basic Sector Mileage		(MB)予約クラス・運賃種別マイル積算率 Mileage Accrual Rates	
	(PC)路線倍率 Route Ratio		(PD)搭乗ポイント Bording Points	
	今回搭乗の獲得FLY ONポイント=(MA)×(MB)+(MA)×(MB)×(MC) Total FLY ON points byThis Flight		年度内FLY ONポイント数累計 Earned FLY ON Points in a year	

MILEAGE LOG DATA

基本情報	お客様番号 JMB Member Number		搭乗回数(同一年度内) Annual Fligt Milelage Reg Number	
	搭乗日* Flight Date	/ /	航空会社 Airline	
	便名* Flight Number		搭乗クラス Seat Class	
	予約クラス* Booking Class		座席番号* Seat Number	
	出発空港(IATAコード)* Depature Airport(IATACode)		到着空港(IATAコード)* Arrival Airport(IATACode)	
マイル数	(MA)区間基本マイレージ* Basic Sector Mileage		(MB)予約クラス・運賃種別マイル積算率 Mileage Accrual Rates	
	(MC) フライトボーナスマイル積算率 Flight Bonus Mile Accrual Rates		今回搭乗の獲得マイル=(MA)×(MB)+(MA)×(MB)×(MC) Total Milege byThis Flight	
FLY ONポイント	(MA)区間基本マイレージ* Basic Sector Mileage		(MB)予約クラス・運賃種別マイル積算率 Mileage Accrual Rates	
	(PC)路線倍率 Route Ratio		(PD)搭乗ポイント Bording Points	
	今回搭乗の獲得FLY ONポイント=(MA)×(MB)+(MA)×(MB)×(MC) Total FLY ON points byThis Flight		年度内FLY ONポイント数累計 Earned FLY ON Points in a year	

基本情報	お客様番号 JMB Member Number		搭乗回数(同一年度内) Annual Fligt Milelage Reg Number	
	搭乗日* Flight Date	/ /	航空会社 Airline	
	便名* Flight Number		搭乗クラス Seat Class	
	予約クラス* Booking Class		座席番号* Seat Number	
	出発空港(IATAコード)* Depature Airport(IATACode)		到着空港(IATAコード)* Arrival Airport(IATACode)	
マイル数	(MA)区間基本マイレージ* Basic Sector Mileage		(MB)予約クラス・運賃種別マイル積算率 Mileage Accrual Rates	
	(MC) フライトボーナスマイル積算率 Flight Bonus Mile Accrual Rates		今回搭乗の獲得マイル=(MA)×(MB)+(MA)×(MB)×(MC) Total Milege byThis Flight	
FLY ONポイント	(MA)区間基本マイレージ* Basic Sector Mileage		(MB)予約クラス・運賃種別マイル積算率 Mileage Accrual Rates	
	(PC)路線倍率 Route Ratio		(PD)搭乗ポイント Bording Points	
	今回搭乗の獲得FLY ONポイント=(MA)×(MB)+(MA)×(MB)×(MC) Total FLY ON points byThis Flight		年度内FLY ONポイント数累計 Earned FLY ON Points in a year	

基本情報	お客様番号 JMB Member Number		搭乗回数(同一年度内) Annual Fligt Milelage Reg Number	
	搭乗日* Flight Date	/ /	航空会社 Airline	
	便名* Flight Number		搭乗クラス Seat Class	
	予約クラス* Booking Class		座席番号* Seat Number	
	出発空港(IATAコード)* Depature Airport(IATACode)		到着空港(IATAコード)* Arrival Airport(IATACode)	
マイル数	(MA)区間基本マイレージ* Basic Sector Mileage		(MB)予約クラス･運賃種別マイル積算率 Mileage Accrual Rates	
	(MC) フライトボーナスマイル積算率 Flight Bonus Mile Accrual Rates		今回搭乗の獲得マイル=(MA)×(MB)+(MA)×(MB)×(MC) Total Milege byThis Flight	
FLY ONポイント	(MA)区間基本マイレージ* Basic Sector Mileage		(MB)予約クラス･運賃種別マイル積算率 Mileage Accrual Rates	
	(PC)路線倍率 Route Ratio		(PD)搭乗ポイント Bording Points	
	今回搭乗の獲得FLY ONポイント=(MA)×(MB)+(MA)×(MB)×(MC) Total FLY ON points byThis Flight		年度内FLY ONポイント数累計 Earned FLY ON Points in a year	

基本情報	お客様番号 JMB Member Number		搭乗回数(同一年度内) Annual Fligt Milelage Reg Number	
	搭乗日* Flight Date	/ /	航空会社 Airline	
	便名* Flight Number		搭乗クラス Seat Class	
	予約クラス* Booking Class		座席番号* Seat Number	
	出発空港(IATAコード)* Depature Airport(IATACode)		到着空港(IATAコード)* Arrival Airport(IATACode)	
マイル数	(MA)区間基本マイレージ* Basic Sector Mileage		(MB)予約クラス･運賃種別マイル積算率 Mileage Accrual Rates	
	(MC) フライトボーナスマイル積算率 Flight Bonus Mile Accrual Rates		今回搭乗の獲得マイル=(MA)×(MB)+(MA)×(MB)×(MC) Total Milege byThis Flight	
FLY ONポイント	(MA)区間基本マイレージ* Basic Sector Mileage		(MB)予約クラス･運賃種別マイル積算率 Mileage Accrual Rates	
	(PC)路線倍率 Route Ratio		(PD)搭乗ポイント Bording Points	
	今回搭乗の獲得FLY ONポイント=(MA)×(MB)+(MA)×(MB)×(MC) Total FLY ON points byThis Flight		年度内FLY ONポイント数累計 Earned FLY ON Points in a year	

MILEAGE LOG DATA

基本情報	お客様番号 JMB Member Number		搭乗回数(同一年度内) Annual Fligt Milelage Reg Number	
	搭乗日* Flight Date	/ /	航空会社 Airline	
	便名* Flight Number		搭乗クラス Seat Class	
	予約クラス* Booking Class		座席番号* Seat Number	
	出発空港(IATAコード)* Depature Airport(IATACode)		到着空港(IATAコード)* Arrival Airport(IATACode)	
マイル数	(MA)区間基本マイレージ* Basic Sector Mileage		(MB)予約クラス・運賃種別 マイル積算率 Mileage Accrual Rates	
	(MC) フライトボーナス マイル積算率 Flight Bonus Mile Accrual Rates		今回搭乗の獲得マイル= (MA)×(MB)+(MA)×(MB)×(MC) Total Milege byThis Flight	
FLY ONポイント	(MA)区間基本マイレージ* Basic Sector Mileage		(MB)予約クラス・運賃種別 マイル積算率 Mileage Accrual Rates	
	(PC)路線倍率 Route Ratio		(PD)搭乗ポイント Bording Points	
	今回搭乗の獲得FLY ONポイント= (MA)×(MB)+(MA)×(MB)×(MC) Total FLY ON points byThis Flight		年度内FLY ONポイント数累計 Earned FLY ON Points in a year	

基本情報	お客様番号 JMB Member Number		搭乗回数(同一年度内) Annual Fligt Milelage Reg Number	
	搭乗日* Flight Date	/ /	航空会社 Airline	
	便名* Flight Number		搭乗クラス Seat Class	
	予約クラス* Booking Class		座席番号* Seat Number	
	出発空港(IATAコード)* Depature Airport(IATACode)		到着空港(IATAコード)* Arrival Airport(IATACode)	
マイル数	(MA)区間基本マイレージ* Basic Sector Mileage		(MB)予約クラス・運賃種別 マイル積算率 Mileage Accrual Rates	
	(MC) フライトボーナス マイル積算率 Flight Bonus Mile Accrual Rates		今回搭乗の獲得マイル= (MA)×(MB)+(MA)×(MB)×(MC) Total Milege byThis Flight	
FLY ONポイント	(MA)区間基本マイレージ* Basic Sector Mileage		(MB)予約クラス・運賃種別 マイル積算率 Mileage Accrual Rates	
	(PC)路線倍率 Route Ratio		(PD)搭乗ポイント Bording Points	
	今回搭乗の獲得FLY ONポイント= (MA)×(MB)+(MA)×(MB)×(MC) Total FLY ON points byThis Flight		年度内FLY ONポイント数累計 Earned FLY ON Points in a year	

基本情報	お客様番号 JMB Member Number		搭乗回数(同一年度内) Annual Fligt Mileage Reg Number	
	搭乗日* Flight Date	/ /	航空会社 Airline	
	便名* Flight Number		搭乗クラス Seat Class	
	予約クラス* Booking Class		座席番号* Seat Number	
	出発空港(IATAコード)* Depature Airport(IATACode)		到着空港(IATAコード)* Arrival Airport(IATACode)	
マイル数	(MA)区間基本マイレージ* Basic Sector Mileage		(MB)予約クラス・運賃種別 マイル積算率 Mileage Accrual Rates	
	(MC) フライトボーナス マイル積算率 Flight Bonus Mile Accrual Rates		今回搭乗の獲得マイル= (MA)×(MB)+(MA)×(MB)×(MC) Total Milege byThis Flight	
FLY ONポイント	(MA)区間基本マイレージ* Basic Sector Mileage		(MB)予約クラス・運賃種別 マイル積算率 Mileage Accrual Rates	
	(PC)路線倍率 Route Ratio		(PD)搭乗ポイント Bording Points	
	今回搭乗の獲得FLY ONポイント= (MA)×(MB)+(MA)×(MB)×(MC) Total FLY ON points byThis Flight		年度内FLY ONポイント数累計 Earned FLY ON Points in a year	

基本情報	お客様番号 JMB Member Number		搭乗回数(同一年度内) Annual Fligt Mileage Reg Number	
	搭乗日* Flight Date	/ /	航空会社 Airline	
	便名* Flight Number		搭乗クラス Seat Class	
	予約クラス* Booking Class		座席番号* Seat Number	
	出発空港(IATAコード)* Depature Airport(IATACode)		到着空港(IATAコード)* Arrival Airport(IATACode)	
マイル数	(MA)区間基本マイレージ* Basic Sector Mileage		(MB)予約クラス・運賃種別 マイル積算率 Mileage Accrual Rates	
	(MC) フライトボーナス マイル積算率 Flight Bonus Mile Accrual Rates		今回搭乗の獲得マイル= (MA)×(MB)+(MA)×(MB)×(MC) Total Milege byThis Flight	
FLY ONポイント	(MA)区間基本マイレージ* Basic Sector Mileage		(MB)予約クラス・運賃種別 マイル積算率 Mileage Accrual Rates	
	(PC)路線倍率 Route Ratio		(PD)搭乗ポイント Bording Points	
	今回搭乗の獲得FLY ONポイント= (MA)×(MB)+(MA)×(MB)×(MC) Total FLY ON points byThis Flight		年度内FLY ONポイント数累計 Earned FLY ON Points in a year	

MILEAGE LOG DATA

基本情報	お客様番号 JMB Member Number		搭乗回数(同一年度内) Annual Fligt Milelage Reg Number	
	搭乗日* Flight Date	/ /	航空会社 Airline	
	便名* Flight Number		搭乗クラス Seat Class	
	予約クラス* Booking Class		座席番号* Seat Number	
	出発空港(IATAコード)* Depature Airport(IATACode)		到着空港(IATAコード)* Arrival Airport(IATACode)	
マイル数	(MA)区間基本マイレージ* Basic Sector Mileage		(MB)予約クラス・運賃種別マイル積算率 Mileage Accrual Rates	
	(MC) フライトボーナスマイル積算率 Flight Bonus Mile Accrual Rates		今回搭乗の獲得マイル=(MA)×(MB)+(MA)×(MB)×(MC) Total Milege byThis Flight	
FLY ONポイント	(MA)区間基本マイレージ* Basic Sector Mileage		(MB)予約クラス・運賃種別マイル積算率 Mileage Accrual Rates	
	(PC)路線倍率 Route Ratio		(PD)搭乗ポイント Bording Points	
	今回搭乗の獲得FLY ONポイント=(MA)×(MB)+(MA)×(MB)×(MC) Total FLY ON points byThis Flight		年度内FLY ONポイント数累計 Earned FLY ON Points in a year	

基本情報	お客様番号 JMB Member Number		搭乗回数(同一年度内) Annual Fligt Milelage Reg Number	
	搭乗日* Flight Date	/ /	航空会社 Airline	
	便名* Flight Number		搭乗クラス Seat Class	
	予約クラス* Booking Class		座席番号* Seat Number	
	出発空港(IATAコード)* Depature Airport(IATACode)		到着空港(IATAコード)* Arrival Airport(IATACode)	
マイル数	(MA)区間基本マイレージ* Basic Sector Mileage		(MB)予約クラス・運賃種別マイル積算率 Mileage Accrual Rates	
	(MC) フライトボーナスマイル積算率 Flight Bonus Mile Accrual Rates		今回搭乗の獲得マイル=(MA)×(MB)+(MA)×(MB)×(MC) Total Milege byThis Flight	
FLY ONポイント	(MA)区間基本マイレージ* Basic Sector Mileage		(MB)予約クラス・運賃種別マイル積算率 Mileage Accrual Rates	
	(PC)路線倍率 Route Ratio		(PD)搭乗ポイント Bording Points	
	今回搭乗の獲得FLY ONポイント=(MA)×(MB)+(MA)×(MB)×(MC) Total FLY ON points byThis Flight		年度内FLY ONポイント数累計 Earned FLY ON Points in a year	

基本情報	お客様番号 JMB Member Number		搭乗回数(同一年度内) Annual Fligt Milelage Reg Number	
	搭乗日* Flight Date	/ /	航空会社 Airline	
	便名* Flight Number		搭乗クラス Seat Class	
	予約クラス* Booking Class		座席番号* Seat Number	
	出発空港(IATAコード)* Depature Airport(IATACode)		到着空港(IATAコード)* Arrival Airport(IATACode)	
マイル数	(MA)区間基本マイレージ* Basic Sector Mileage		(MB)予約クラス・運賃種別 マイル積算率 Mileage Accrual Rates	
	(MC) フライトボーナス マイル積算率 Flight Bonus Mile Accrual Rates		今回搭乗の獲得マイル= (MA)×(MB)+(MA)×(MB)×(MC) Total Milege byThis Flight	
FLY ONポイント	(MA)区間基本マイレージ* Basic Sector Mileage		(MB)予約クラス・運賃種別 マイル積算率 Mileage Accrual Rates	
	(PC)路線倍率 Route Ratio		(PD)搭乗ポイント Bording Points	
	今回搭乗の獲得FLY ONポイント= (MA)×(MB)+(MA)×(MB)×(MC) Total FLY ON points byThis Flight		年度内FLY ONポイント数累計 Earned FLY ON Points in a year	

基本情報	お客様番号 JMB Member Number		搭乗回数(同一年度内) Annual Fligt Milelage Reg Number	
	搭乗日* Flight Date	/ /	航空会社 Airline	
	便名* Flight Number		搭乗クラス Seat Class	
	予約クラス* Booking Class		座席番号* Seat Number	
	出発空港(IATAコード)* Depature Airport(IATACode)		到着空港(IATAコード)* Arrival Airport(IATACode)	
マイル数	(MA)区間基本マイレージ* Basic Sector Mileage		(MB)予約クラス・運賃種別 マイル積算率 Mileage Accrual Rates	
	(MC) フライトボーナス マイル積算率 Flight Bonus Mile Accrual Rates		今回搭乗の獲得マイル= (MA)×(MB)+(MA)×(MB)×(MC) Total Milege byThis Flight	
FLY ONポイント	(MA)区間基本マイレージ* Basic Sector Mileage		(MB)予約クラス・運賃種別 マイル積算率 Mileage Accrual Rates	
	(PC)路線倍率 Route Ratio		(PD)搭乗ポイント Bording Points	
	今回搭乗の獲得FLY ONポイント= (MA)×(MB)+(MA)×(MB)×(MC) Total FLY ON points byThis Flight		年度内FLY ONポイント数累計 Earned FLY ON Points in a year	

MILEAGE LOG DATA

基本情報	お客様番号 JMB Member Number		搭乗回数(同一年度内) Annual Fligt Milelage Reg Number	
	搭乗日* Flight Date	/ /	航空会社 Airline	
	便名* Flight Number		搭乗クラス Seat Class	
	予約クラス* Booking Class		座席番号* Seat Number	
	出発空港(IATAコード)* Depature Airport(IATACode)		到着空港(IATAコード)* Arrival Airport(IATACode)	
マイル数	(MA)区間基本マイレージ* Basic Sector Mileage		(MB)予約クラス・運賃種別 マイル積算率 Mileage Accrual Rates	
	(MC) フライトボーナス マイル積算率 Flight Bonus Mile Accrual Rates		今回搭乗の獲得マイル= (MA)×(MB)+(MA)×(MB)×(MC) Total Milege byThis Flight	
FLY ONポイント	(MA)区間基本マイレージ* Basic Sector Mileage		(MB)予約クラス・運賃種別 マイル積算率 Mileage Accrual Rates	
	(PC)路線倍率 Route Ratio		(PD)搭乗ポイント Bording Points	
	今回搭乗の獲得FLY ONポイント= (MA)×(MB)+(MA)×(MB)×(MC) Total FLY ON points byThis Flight		年度内FLY ONポイント数累計 Earned FLY ON Points in a year	

基本情報	お客様番号 JMB Member Number		搭乗回数(同一年度内) Annual Fligt Milelage Reg Number	
	搭乗日* Flight Date	/ /	航空会社 Airline	
	便名* Flight Number		搭乗クラス Seat Class	
	予約クラス* Booking Class		座席番号* Seat Number	
	出発空港(IATAコード)* Depature Airport(IATACode)		到着空港(IATAコード)* Arrival Airport(IATACode)	
マイル数	(MA)区間基本マイレージ* Basic Sector Mileage		(MB)予約クラス・運賃種別 マイル積算率 Mileage Accrual Rates	
	(MC) フライトボーナス マイル積算率 Flight Bonus Mile Accrual Rates		今回搭乗の獲得マイル= (MA)×(MB)+(MA)×(MB)×(MC) Total Milege byThis Flight	
FLY ONポイント	(MA)区間基本マイレージ* Basic Sector Mileage		(MB)予約クラス・運賃種別 マイル積算率 Mileage Accrual Rates	
	(PC)路線倍率 Route Ratio		(PD)搭乗ポイント Bording Points	
	今回搭乗の獲得FLY ONポイント= (MA)×(MB)+(MA)×(MB)×(MC) Total FLY ON points byThis Flight		年度内FLY ONポイント数累計 Earned FLY ON Points in a year	

基本情報	お客様番号 JMB Member Number		搭乗回数(同一年度内) Annual Fligt Milelage Reg Number	
	搭乗日* Flight Date	/ /	航空会社 Airline	
	便名* Flight Number		搭乗クラス Seat Class	
	予約クラス* Booking Class		座席番号* Seat Number	
	出発空港(IATAコード)* Depature Airport(IATACode)		到着空港(IATAコード)* Arrival Airport(IATACode)	
マイル数	(MA)区間基本マイレージ* Basic Sector Mileage		(MB)予約クラス・運賃種別マイル積算率 Mileage Accrual Rates	
	(MC) フライトボーナスマイル積算率 Flight Bonus Mile Accrual Rates		今回搭乗の獲得マイル=(MA)×(MB)+(MA)×(MB)×(MC) Total Milege byThis Flight	
FLY ONポイント	(MA)区間基本マイレージ* Basic Sector Mileage		(MB)予約クラス・運賃種別マイル積算率 Mileage Accrual Rates	
	(PC)路線倍率 Route Ratio		(PD)搭乗ポイント Bording Points	
	今回搭乗の獲得FLY ONポイント=(MA)×(MB)+(MA)×(MB)×(MC) Total FLY ON points byThis Flight		年度内FLY ONポイント数累計 Earned FLY ON Points in a year	

基本情報	お客様番号 JMB Member Number		搭乗回数(同一年度内) Annual Fligt Milelage Reg Number	
	搭乗日* Flight Date	/ /	航空会社 Airline	
	便名* Flight Number		搭乗クラス Seat Class	
	予約クラス* Booking Class		座席番号* Seat Number	
	出発空港(IATAコード)* Depature Airport(IATACode)		到着空港(IATAコード)* Arrival Airport(IATACode)	
マイル数	(MA)区間基本マイレージ* Basic Sector Mileage		(MB)予約クラス・運賃種別マイル積算率 Mileage Accrual Rates	
	(MC) フライトボーナスマイル積算率 Flight Bonus Mile Accrual Rates		今回搭乗の獲得マイル=(MA)×(MB)+(MA)×(MB)×(MC) Total Milege byThis Flight	
FLY ONポイント	(MA)区間基本マイレージ* Basic Sector Mileage		(MB)予約クラス・運賃種別マイル積算率 Mileage Accrual Rates	
	(PC)路線倍率 Route Ratio		(PD)搭乗ポイント Bording Points	
	今回搭乗の獲得FLY ONポイント=(MA)×(MB)+(MA)×(MB)×(MC) Total FLY ON points byThis Flight		年度内FLY ONポイント数累計 Earned FLY ON Points in a year	

MILEAGE LOG DATA

基本情報	お客様番号 JMB Member Number		搭乗回数(同一年度内) Annual Fligt Milelage Reg Number	
	搭乗日* Flight Date	/ /	航空会社 Airline	
	便名* Flight Number		搭乗クラス Seat Class	
	予約クラス* Booking Class		座席番号* Seat Number	
	出発空港(IATAコード)* Depature Airport(IATACode)		到着空港(IATAコード)* Arrival Airport(IATACode)	
マイル数	(MA)区間基本マイレージ* Basic Sector Mileage		(MB)予約クラス・運賃種別 マイル積算率 Mileage Accrual Rates	
	(MC) フライトボーナス マイル積算率 Flight Bonus Mile Accrual Rates		今回搭乗の獲得マイル= (MA)×(MB)+(MA)×(MB)×(MC) Total Milege byThis Flight	
FLY ONポイント	(MA)区間基本マイレージ* Basic Sector Mileage		(MB)予約クラス・運賃種別 マイル積算率 Mileage Accrual Rates	
	(PC)路線倍率 Route Ratio		(PD)搭乗ポイント Bording Points	
	今回搭乗の獲得FLY ONポイント= (MA)×(MB)+(MA)×(MB)×(MC) Total FLY ON points byThis Flight		年度内FLY ONポイント数累計 Earned FLY ON Points in a year	

基本情報	お客様番号 JMB Member Number		搭乗回数(同一年度内) Annual Fligt Milelage Reg Number	
	搭乗日* Flight Date	/ /	航空会社 Airline	
	便名* Flight Number		搭乗クラス Seat Class	
	予約クラス* Booking Class		座席番号* Seat Number	
	出発空港(IATAコード)* Depature Airport(IATACode)		到着空港(IATAコード)* Arrival Airport(IATACode)	
マイル数	(MA)区間基本マイレージ* Basic Sector Mileage		(MB)予約クラス・運賃種別 マイル積算率 Mileage Accrual Rates	
	(MC) フライトボーナス マイル積算率 Flight Bonus Mile Accrual Rates		今回搭乗の獲得マイル= (MA)×(MB)+(MA)×(MB)×(MC) Total Milege byThis Flight	
FLY ONポイント	(MA)区間基本マイレージ* Basic Sector Mileage		(MB)予約クラス・運賃種別 マイル積算率 Mileage Accrual Rates	
	(PC)路線倍率 Route Ratio		(PD)搭乗ポイント Bording Points	
	今回搭乗の獲得FLY ONポイント= (MA)×(MB)+(MA)×(MB)×(MC) Total FLY ON points byThis Flight		年度内FLY ONポイント数累計 Earned FLY ON Points in a year	

基本情報	お客様番号 JMB Member Number		搭乗回数(同一年度内) Annual Fligt Mileage Reg Number	
	搭乗日* Flight Date	/ /	航空会社 Airline	
	便名* Flight Number		搭乗クラス Seat Class	
	予約クラス* Booking Class		座席番号* Seat Number	
	出発空港(IATAコード)* Depature Airport(IATACode)		到着空港(IATAコード)* Arrival Airport(IATACode)	
マイル数	(MA)区間基本マイレージ* Basic Sector Mileage		(MB)予約クラス・運賃種別 マイル積算率 Mileage Accrual Rates	
	(MC) フライトボーナス マイル積算率 Flight Bonus Mile Accrual Rates		今回搭乗の獲得マイル= (MA)×(MB)+(MA)×(MB)×(MC) Total Milege byThis Flight	
FLY ONポイント	(MA)区間基本マイレージ* Basic Sector Mileage		(MB)予約クラス・運賃種別 マイル積算率 Mileage Accrual Rates	
	(PC)路線倍率 Route Ratio		(PD)搭乗ポイント Bording Points	
	今回搭乗の獲得FLY ONポイント= (MA)×(MB)+(MA)×(MB)×(MC) Total FLY ON points byThis Flight		年度内FLY ONポイント数累計 Earned FLY ON Points in a year	

基本情報	お客様番号 JMB Member Number		搭乗回数(同一年度内) Annual Fligt Mileage Reg Number	
	搭乗日* Flight Date	/ /	航空会社 Airline	
	便名* Flight Number		搭乗クラス Seat Class	
	予約クラス* Booking Class		座席番号* Seat Number	
	出発空港(IATAコード)* Depature Airport(IATACode)		到着空港(IATAコード)* Arrival Airport(IATACode)	
マイル数	(MA)区間基本マイレージ* Basic Sector Mileage		(MB)予約クラス・運賃種別 マイル積算率 Mileage Accrual Rates	
	(MC) フライトボーナス マイル積算率 Flight Bonus Mile Accrual Rates		今回搭乗の獲得マイル= (MA)×(MB)+(MA)×(MB)×(MC) Total Milege byThis Flight	
FLY ONポイント	(MA)区間基本マイレージ* Basic Sector Mileage		(MB)予約クラス・運賃種別 マイル積算率 Mileage Accrual Rates	
	(PC)路線倍率 Route Ratio		(PD)搭乗ポイント Bording Points	
	今回搭乗の獲得FLY ONポイント= (MA)×(MB)+(MA)×(MB)×(MC) Total FLY ON points byThis Flight		年度内FLY ONポイント数累計 Earned FLY ON Points in a year	

JAL国内線空港IATAコード一覧

都道府県	空港名	IATAコード
北海道	利尻	RIS
	旭川	AKJ
	女満別	MMB
	根室中標津	SHB
	釧路	KUH
	帯広	OBO
	札幌(丘珠)	OKD
	札幌(新千歳)	CTS
	奥尻	OIR
	函館	HKD
青森	青森	AOJ
	三沢	MSJ
岩手	花巻	HNA
宮城	仙台	SDJ
秋田	秋田	AXT
山形	山形	GAJ
千葉	成田	NRT
東京	羽田(東京)	HND
新潟	新潟	KIJ
石川	小松	KMQ
長野	松本	MMJ
静岡	静岡	FSZ
愛知	名古屋(中部)	NGO
	名古屋(小牧)	NKM
大阪	伊丹	ITM
	関西	KIX
兵庫	神戸	UKB
	但馬	TJH
和歌山	南紀白浜	SHM
島根	出雲	IZO
	隠岐	OKI
岡山	岡山	OKJ
広島	広島	HIJ
山口	宇部山口	UBJ
徳島	徳島	TKS
香川	高松	TAK
愛媛	松山	MYJ
高知	高知	KCZ
福岡	北九州	KKJ
	福岡	FUK
長崎	対馬	TSJ
	壱岐	IKI
	五島福江	FUJ
	長崎	NGS
熊本	熊本	KMJ
	天草	AXJ
大分	大分	OIT
宮崎	宮崎	KMI
鹿児島	鹿児島	KOJ
	徳之島	TKN
	沖永良部	OKE
	奄美	ASJ
	与論	RNJ
	喜界	KKX
	屋久島	KUM
	種子島	TNE
沖縄	那覇(沖縄)	OKA
	宮古	MMY
	石垣	ISG
	久米島	UEO
	多良間	TRA
	与那国	OGN
	北大東	KTD
	南大東	MMD

JAL国際線空港IATAコード一覧

国	空港名	IATAコード
アメリカ	シアトル	SEA
	サンフランシスコ	SFO
	ロサンゼルス	LAX
	ダラス	DFW
	シカゴ	ORD
	ニューヨーク(JFK)	JFK
	ボストン	BOS
	サンディエゴ	SAN
	ホノルル	HNL
	コナ	KOA
	グアム	GUM
カナダ	バンクーバー	YVR
フィンランド	ヘルシンキ	HEL
イギリス	ロンドン(ヒースロー)	LHR
ドイツ	フランクフルト	FRA
フランス	パリ(シャルル・ドゴール)	CDG
ロシア	モスクワ(シェレメーチエヴォ)	SVO
	ウラジオストク	VVO
オーストラリア	シドニー	SYD
	メルボルン	MEL
カタール	ドーハ	DIA
シンガポール	シンガポール	SIN
インドネシア	ジャカルタ	CGK
タイ	バンコク	BKK
ベトナム	ホーチミンシティ	SGN
	ハノイ	HAN
マレーシア	クアラルンプール	KUL
中国	上海(虹橋)	SHA
	上海(浦東)	PVG
	北京	PEK
	香港	HKG
	広州	CAN
	大連	DLC
	天津	TSN
インド	デリー	DEL
	ベンガルール	BLR
韓国	ソウル(金浦)	GMP
フィリピン	マニラ	MNL
台湾	台北(松山)	TSA
	台北(桃園)	TPE

(MA)JAL国内線区間基本マイル数

1.東京(羽田・成田)発着	
搭乗区間	マイル数
大阪	280
札幌	510
名古屋	193
福岡	567
沖縄(那覇)	984
女満別	609
旭川	576
釧路	555
帯広	526
函館	424
青森	358
三沢	355
秋田	279
花巻	284
仙台	177
山形	190
小松	211
南紀白浜	303
岡山	356
出雲	405
広島	414
山口宇部	510
徳島	329
高松	354
高知	393
松山	438
北九州	534
大分	499
長崎	610
熊本	568
鹿児島	601
奄美大島	787
久米島	1,018
宮古	1,158
石垣	1,224

2.大阪(伊丹・関西・神戸)発着	
搭乗区間	マイル数
札幌	666
福岡	287
沖縄(那覇)	739
女満別	797
旭川	739
釧路	753
帯広	711
函館	578
青森	523
三沢	536
秋田	439
花巻	474
仙台	396
山形	385
新潟	314
松本	183
但馬	68
隠岐	165
出雲	148
松山	159
大分	219
長崎	330
熊本	290
宮崎	292
鹿児島	329
種子島	379
屋久島	402
奄美大島	541
徳之島	603
宮古	906
石垣	969

3.神戸発着	
搭乗区間	マイル数
青森	523
花巻	474
新潟	314
松本	183
出雲	148
高知	119

4.札幌(新千歳・丘珠)発着	
搭乗区間	マイル数
名古屋	614
福岡	882
根室中標津	178
利尻	159
女満別	148
釧路	136
函館	90
奥尻	123
青森	153
三沢	156
秋田	238
花巻	226
仙台	335
山形	321
新潟	369
松本	507
静岡	592
出雲	696
広島	749
徳島	715

5.名古屋(中部)発着	
搭乗区間	マイル数
沖縄(那覇)	809
釧路	690
帯広	652
青森	465
秋田	380
花巻	409
仙台	322
山形	315
新潟	249
出雲	226
松山	246
高知	201
福岡	374
北九州	342
長崎	417
熊本	375
鹿児島	411
宮古	979
石垣	1,044

6.福岡発着	
搭乗区間	マイル数
沖縄(那覇)	537
花巻	724
仙台	665
新潟	572
松本	461
静岡	451
出雲	188
徳島	242
高知	187
松山	131
天草	78
対馬	81
五島福江	113
宮崎	131
鹿児島	125
屋久島	225
奄美大島	360

7.沖縄(那覇)発着路線	
搭乗区間	マイル数
仙台	1,180
小松	873
岡山	690
松山	607
北九州	563
奄美大島	199
沖永良部	107
与論	74
北大東	229
南大東	225
久米島	59
宮古	177
石垣	247
与那国	316

8.函館発着路線	
搭乗区間	マイル数
旭川	162
釧路	194
奥尻	72
三沢	80

9.仙台発着路線	
搭乗区間	マイル数
出雲	483

10.出雲発着路線	
搭乗区間	マイル数
静岡	304
隠岐	65

11.静岡発着路線	
搭乗区間	マイル数
北九州	419
熊本	448

12.熊本発着路線	
搭乗区間	マイル数
天草	42

13.長崎発着路線	
搭乗区間	マイル数
壱岐	60
五島福江	67
対馬	98

14.宮崎発着路線	
搭乗区間	マイル数
広島	196

15.鹿児島発着路線	
搭乗区間	マイル数
静岡	268
岡山	268
広島	223
高松	260
松山	181
種子島	88
屋久島	102
喜界島	246
奄美大島	242
徳之島	296
沖永良部	326
与論	358

16.奄美大島発着路線	
搭乗区間	マイル数
喜界島	16
徳之島	65
沖永良部	92
与論	125

17.与論発着路線	
搭乗区間	マイル数
沖永良部	34

18.沖永良部発着路線	
搭乗区間	マイル数
徳之島	30

19.宮古発着路線	
搭乗区間	マイル数
石垣	72
多良間	39

20.石垣発着路線	
搭乗区間	マイル数
与那国	80

21. 南大東発着路線	
搭乗区間	マイル数
北大東	8

(MA)JAL国際線区間基本マイル数(2025年1月末日現在)

1.東京(羽田・成田)発着	
搭乗区間	マイル数
厦門	1,520
ウラジオストク	676
ウランバートル	1,893
グアム	1,561
クアラルンプール	3,345
ケアンズ	3,651
広州	1,822
コナ	3,996
ゴールドコースト	4,497
コロンボ	4,266
サンディエゴ	5,554
サンフランシスコ	5,130
シアトル	4,775
シカゴ	6,283
シドニー	4,863
ジャカルタ	3,612
上海	1,111
シンガポール	3,312
瀋陽	987
西安	1,767
ソウル	758
台北	1,330
大連	1,042
高雄	1,491
ダラス・フォートワース	6,436
デリー	3,656
デンパサール	3,472
天津	1,268
ドーハ	5,143
ドバイ	4,957
南京	1,245
ヌメア	4,348
ニューヨーク	6,739
ハノイ	2,294
パペーテ	5,882
パリ	6,207
バンクーバー	4,681
バンコク	2,869
バンダルスリブガワン	2,660
釜山	618
フランクフルト	5,929
北京	1,313
ヘルシンキ	5,229
ベンガルール	4,147
ホーチミンシティ	2,706
ボストン	6,700
ホノルル	3,831
香港	1,823
マドリード	6,795
マニラ	1,880
メキシコシティ	7,003
メルボルン	5,091
モスクワ	4,664
ロサンゼルス	5,458
ロンドン	6,220

2.大阪(関西)発着	
搭乗区間	マイル数
厦門	1,246
煙台	802
クアラルンプール	3,084
ケアンズ	3,625
広州	1,545
杭州	926
昆明	2,037
ジャカルタ	3,379
上海	831
瀋陽	808
ソウル	525
台南	1,216
台北	1,061
昆明	2,038
済州島	507
ジャカルタ	3,379
上海	831
瀋陽	808
ソウル	525
台南	1,216
台北	1,061
大連	818
高雄	1,228
青島	864
デンパサール	3,274
ドバイ	4,721
ハノイ	2,014
バンコク	2,592
福州	1,122
ヘルシンキ	5,123
ホノルル	4,106
香港	1,548
ロサンゼルス	5,721
ロンドン	6,108

3.名古屋(中部)発着	
搭乗区間	マイル数
上海	919
ソウル	598
台北	1,142
青島	945
天津	1,112
釜山	435
ヘルシンキ	5,162
ホノルル	4,019
香港	1,632
ロンドン	6,147

4.福岡発着	
搭乗区間	マイル数
上海	545
ソウル	347
台北	802
青島	601
釜山	133
武漢	973
ホノルル	4,390
香港	1,272

5.その他発着	
搭乗区間	マイル数
札幌ー上海	1,364
札幌ーソウル	870
札幌ー台北	1,682
札幌ー高雄	1,859
札幌ーホノルル	3,755
札幌ー香港	2,131
青森ーソウル	791
小松ー上海	925
小松ーソウル	547
新潟ー上海	1,101
新潟ーソウル	684
富山ー台北	1,229
富山ー上海	971
静岡ー上海	995
静岡ー台北	1,207
岡山ー上海	756
岡山ーソウル	457
広島ー上海	697
広島ー台北	946
高松ー台北	991
松山ー上海	675
長崎ー上海	505
宮崎ー台北	771
熊本ー高雄	951
鹿児島ー上海	541
鹿児島ーソウル	459
鹿児島ー台北	733
沖縄ー上海	504
沖縄ーソウル	785
沖縄ー台北	398
沖縄ー高雄	523
沖縄ー香港	906

(MB)JAL国内線フライトマイル運賃別積算率一覧(2025年3月現在)

運賃種別	記入略号	該当運賃例	マイル積算率
運賃1	D1	フレックス、JALカード割引、ビジネスフレックス、離島割引、特定路線離島割引	100%
運賃2	D2	株主割引	75%
運賃3	D3	セイバー、往復セイバー	75%
運賃4	D4	スペシャルセイバー	75%
運賃5	D5	パッケージツアーに適用される個人包括旅行運賃など	50%
運賃6	D6	プロモーション、当日シニア割引、スカイメイト	50%

【重要】なお国内線での有償でのファーストクラス利用は+50%,クラスJ利用は+10%マイル積算加算となる

(MB)JAL国際線予約クラス別マイル積算率一覧

搭乗クラス	予約クラス	マイル積算率
ファーストクラス	F,A	150%
ビジネスクラス	J･C･D･I	125%
	X	70%
プレミアムエコノミー	W,R	100%
	E	70%
エコノミークラス	Y、B	100%
	H･K･M	70%
	L･V･S	50%
	O･Z･G･Q･N	30%

(MB)国際線航空券で発券されている日本国内区間について

搭乗クラス	予約クラス	マイル積算率
ファーストクラス	A	150%
クラスJ	C･D･I	125%
	X、U	70%
普通席	H･K･M	70%
	L･W･R･E･V･S	50%
	N･Q･O･P･T･G	30%

＊1：包括旅行運賃および団体記録にて搭乗の場合、国際線航空券で発券されている日本国内区間については、クラス Jの場合は70%、普通席の場合は50%の積算率

＊2：国際線プレミアムエコノミークラス利用の場合、国内区間(普通席)は100%の積算率となります。

＊3：国際線と国内線区間の搭乗クラスが異なる場合、国内区間がクラス Jの場合は125%、普通席の場合は100%の積算率。

(MC) フライトボーナスマイル積算率

会員区分	ステイタス	ボーナスマイル積算率
サービスステイタス保持者	ダイヤモンド	130%
	サファイア	105%
	クリスタル	55%
JGC会員（ステイタス保持者）	ダイヤモンド	130%
	JGCプレミア	105%
	サファイア	105%
	クリスタル	55%
JGC会員	ワンワールドサファイア	35%
会員区分	カード種別	ボーナスマイル積算率
JALカード会員（ステイタスがない方）	JALカードプラチナ	25%
	JALカード CLUB-Aゴールド	25%
	JALカード ダイナースクラブ	25%
	JALカード　CLUB-A	25%
	JALカード一般	10%
	JALカード学生用	10%

(MC)フライトボーナスマイル（提携航空会社）換算率一覧

JMBサービスステイタス会員（JGC以外）

ステイタス区分	クリスタル	サファイア	ダイヤモンド
日本航空グループ・アメリカン航空	55%	105%	130%
ブリティッシュ・エアウェイズ	25%	100%	100%
イベリア航空	25%	50%	100%
マレーシア航空（日本-マレーシア間）	25%	35%	50%

JGC会員

ステイタス区分	ワンワールドサファイア	クリスタル	サファイア	プレミア	ダイヤモンド
日本航空グループ・アメリカン航空	35%	55%	105%	105%	130%
ブリティッシュ・エアウェイズ	35%	50%	100%	100%	100%
イベリア航空	35%	50%	50%	100%	100%
マレーシア航空（日本-マレーシア間）	35%	25%	35%	50%	50%

(PC) FLY ONポイント線路線倍率

路線	倍率
国内線	2
JALグループ運航便の国際線日本発着アジア路線	1.5
JALグループ運航便の国際線日本発着オセアニア路線	
JALグループ運航便の国際線日本発着ウラジオストク路線	
JALグループ運航便の上記以外の国際路線	1
ワンワールド加盟航空会社	

(PD) FLY ONポイント線路線倍率

(A)国内線

対象運賃	搭乗ポイント（一区間）
フレックス、JALカード割引、ビジネスフレックス、離島割引、特定路線離島割引、株主割引	400
セイバー、スペシャルセイバー、往復セイバー	200
プロモーション、スカイメイト、JALカードスカイメイト、当日シニア割引、特典航空券、個人包括旅行運賃、包括旅行運賃、団体割引運賃、学校研修割引運賃など	0

(B)国際線 JALグループ運航便

予約クラス	搭乗ポイント（一区間）
「F」「A」「J」「C」「D」「X」「I」「W」 「R」「E」「Y」「B」「H」「K」「M」「L」「V」「S」	400
上記以外	0

(C)国際線航空券で発券されている日本国内区間について

予約クラス	搭乗ポイント（一区間）
F・A・J・C・D・I・X・Y・B・H・K・M	400
上記以外	0

(D)国際線 ワンワールド加盟航空会社

【注意】搭乗ポイントの加算なし

Start Now